KB047558

창의적으로 해결중심상담하기

Creative Ideas for Solution Focused Practice

Inspiring Guidance, Ideas and Activities

Judith Milner · Steve Myers 공저
어주경 · 정윤경 · 김은영 공역

Creative Ideas for Solution Focused Practice:
Inspiring Guidance, Ideas and Activities
by Judith Milner and Steve Myers

First published in the UK in 2014 by Jessica Kingsley Publishers Ltd.
73 Collier Street, London, N1 9BE, UK
www.jkp.com

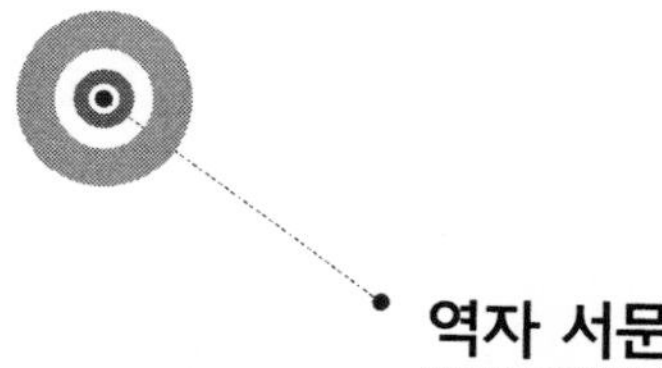

역자 서문

해결중심상담 모델은 1980년대 우리나라에 소개된 이래 가족상담, 심리치료, 코칭 및 사회복지 분야의 실천가들에게 널리 알려지고 활용되고 있다.

우리 역자들은 해결중심상담 모델을 개발한 김인수(Insoo Kim Berg, 1934~2007)와 드세이저(Steve de Shazer, 1940~2005)의 워크숍에서 교육을 받으면서, 모든 내담자는 자신의 어려움을 극복할 수 있는 과거 성공경험과 강점 및 자원이 있기에 자신의 문제와 해결에 대한 전문가이고, 상담자들은 그들의 경험과 자원을 이끌어 내도록 돕는 자문가라는 철학과 다양한 해결지향적인 기법에 매료되었다. 우리는 이를 실제 상담에 적용하는 과정에서 수많은 내담자의 변화를 목도하면서, 우리의 경험을 다른 상담자들과 함께 나누고자 해결중심상담 모델에 대한 다양한 워크숍과 교육을 해 오고 있다.

해결중심상담의 과정과 질문기법은 드세이저가 설명한 바와 같이 수많은 상담을 관찰하고 분석하여 내담자의 변화를 촉진하는 공통된 부분을 발견해 내고, 이를 모델의 이론과 기법으로 만드는 귀납적인 방식을 통해 만들어졌다. 즉, 해결중심상담은 실제 상담 장면에서 가장 효과적인 방법과 과정들을 도출해 내어 상담자들이 사용하기에 적합하도록 개발되었기에, 기존의 전통적 모델에서 예측하는 것보다 더 이른 시기에 내담자들이 자신의 삶을 회복할 수 있다는 희망과 자신감을 갖고 상담을 종결하는 것이 가능하게 되었다. 이처럼 해결중심상담은 매우 실용적인 접근 모델이므로, 우리 역자들은 해결중심상담을 배우는 좋은 방법은 실습과 연습이라는 견해에 적극 동의한다. 즉, 해결중심상담자로서 자신감과 유능감을 갖기 위해서는 모델에 대한 이론적 교육뿐 아니라 실제적인 실습에 많은 시간 참여하고 경험하는 것이 중요하다.

이러한 이유에서 이 책의 발견은 무척 반가운 일이었다. 우리는 그동안 워크숍에서 해결중심상담의 기본 철학과 가정, 질문기법에 대한 교육을 하면서 가능한 한 다양한 상담연습을 활용하기 위해 노력해 왔다. 또한 해결중심 집단상담에도 여러 가지 활동을 적용하여 집단원들이 자신의 강점과 자원을 경험하도록 시도하였다. 이러한 과정에서 다양한 활동을 창의적으로 만들어 내는 데 한계가 있었는데, 한동안 이 책의 도움으로 우리의 고민을 덜 수 있으리라 생각된다.

이 책에는 상담자들의 훈련에 도움이 되는 다양한 활동과 질문들이 친절하게 제시되어 있다. 특히 특별한 도움이 필요한 상황들, 예를 들어 자살시도, 만성질환, 말기질환과 트라우마나 폭력을 경험한 내담자들과의 상담에 도움이 되는 활동과 질문도 실려 있어서 초보 상담자뿐 아니라 실천 경험이 많은 상담자에게도 유용할 것으로 확신한다. 또한 이 책에는 상담자와 내담자 역할을 맡아 참여할 수 있는 활동이 다수 포함되어 있다. 이를 활용하여 해결중심 상담의 원리와 철학이 질문기법으로 어떻게 구현되는지 경험한다면 상담자로서의 확신과 자신감이 한층 커질 것이라 기대한다.

이 책이 출판될 수 있도록 번역을 허락해 주시고 물심양면으로 지원해 주신 학지사의 김진환 사장님께 감사를 드린다. 해결중심 상담이 우리나라 상담 분야에 잘 보급되고 전달될 수 있도록 항상 애써 주심에 이 지면을 빌려 특별한 감사를 드린다. 또한 꼼꼼하게 수정하고 편집에 힘써 주신 김서영 선생님에게도 감사의 마음을 전한다.

서초 연세솔루션상담센터에서

역자 일동

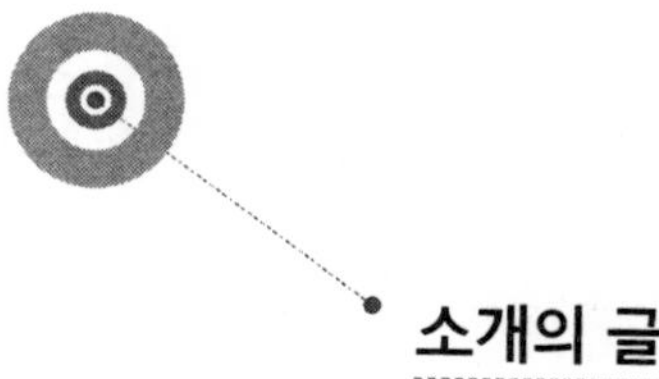

소개의 글

이 책은 해결중심으로 상담을 하면서 기술과 창의성, 그리고 성공한 것에 대해 상기할 필요가 있는 바쁜 상담자를 위한 것이다. 이 책은 주로 해결중심상담 모델에 대한 이해와 경험이 있는 상담자를 위해 저술되었다. 만약 당신이 해결중심상담을 처음 접하는 사람이라면, 초보자를 대상으로 원리와 기법, 실제를 소개한 우리의 이전 교재를 추천한다(Milner, 2001; Myers, 2007). 이 책에서 제시한 연습과 사례는 실제 상담 경험으로부터 가져온 것이고, 해결중심으로 내담자들과 상담할 때 당신만의 전문성을 한층 더 발달시키는 데에 아이디어와 영감을 제공할 것이다.

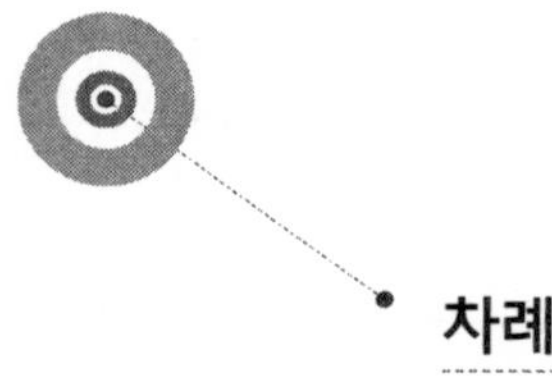

차례

CHAPTER 02 상담 원리와 기법 / 59

CHAPTER 03 구체적 상황들 / 139

CHAPTER 04 트라우마와 폭력에서 생존하기 / 157

활동 목록

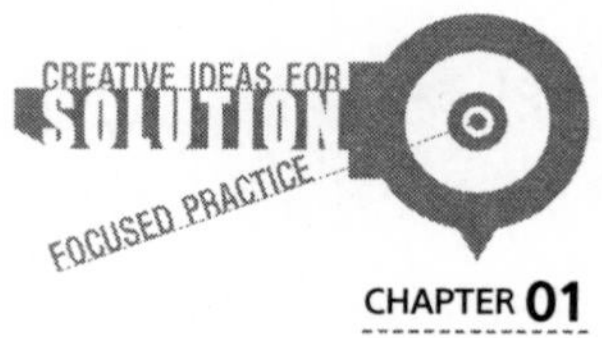

CHAPTER 01

해결중심 철학

"망가지지 않았다면, 고치지 마라.
일단 어떤 것이 효과적인지 알면, 그것을 더 많이 하라.
효과적이지 않다면, 그것을 다시 하지 마라.
무언가 다른 것을 하라."

(Berg & Miller, 1992, p. 17)

이러한 간결한 진술에는 해결중심상담에서 사람들이 경험하는 문제를 바라보고 관여하는 방식이 깔끔하게 압축되어 있다. 스티브 드세이저(Steve de Shazer)와 밀워키의 단기가족치료센터의 여러 동료들(1988, 1991)이 주축이 되어 개발한 해결중심상담은 문제 행동, 정신건강문제, 관계문제, 폭력, 약물남용 그리고 사람들이 날마다 일터에서 마주하는 다양한 삶의 환경에서 문제를 가진 상황에 적용되어 왔다.

또한 해결중심상담은 관리자와 조직의 개발과 훈련에서 효율성을 강화하고 종종 '다루기 힘든' 구조적 문제를 해결하는 것에 활용되어 왔다.

해결중심접근은 보다 전통적인 '문제중심접근'과는 매우 다르다. 문제에서 떨어져 해결책을 발견하는 데 활용할 수 있는 사람들의 강점과 자질에 초점을 두는 것은 기존의 공식 조직과 상담 지식을 가진 상담자들에게는 도전이 될 수 있다. 도입부 연습의 목적은 사람들이 발견한 것을 상담에서 적용하기 전에 이것이 그들의 현재 실천에서 효과적임을 입증하고 해결중심상담의 원리와 실천에 연결시키는 것이다.

해결중심상담은 여러 측면에서 강점에 기초한 모델의 하나이다(Milner et al., 2015). 데니스 샐리비(Dennis Saleebey)는 이 분야의 주요 저자이며, 우리는 그의 저서를 더 읽어 볼 것을 제안한다(Saleebey, 2013). 강점에 기초한 접근은 사람들이 일반적으로 자신의 삶을 더 낫게 변화시키기를 원하며, 적합한 책임감을 갖고 사회에서 건설적인 역할을 맡고 싶어 하고, 자신들의 기여에 대해 존중받고 인정받기를 원한다고 본다. 이러한 가정은 낙관적이고 미래지향적이며, 단기적인 실천과 의존성을 방지하는 실천으로 이끈다. 해결중심접근은 이러한 움직임의 일부이다.

우리는 이제 여러분이 좀 더 강점에 기초해 생각하도록 돕는 연습을 제공할 것이다. 그중 일부는 개인을 위한 것이고 다른 것들은 짝과 함께 하는 것이거나 집단을 위한 것이다. 우리는 함께 일할 때 대개 전체가 부분들의 합보다 크다는 것을 발견한다.

장점

목적: 강점에 기초한 상담을 연습하기. 자신의 강점과 좋은 자질을 확인하기

다음의 표를 활용하여 자신의 장점을 한 가지 적되, 이러한 장점에 필요한 속성을 옆 칸에 쓰시오. 이 목록에 어떠한 개인적인 속성을 포함해도 된다. 예를 들어, 운동이나 예술 분야 기술의 경우 양쪽 다 결정력, 집중력, 인내심 등의 속성을 포함한다. 그다음 이러한 속성을 어떻게 더 많이 활용할 수 있을지 생각해 보시오. 목록을 보관하면서 더 많은 개인적 자질이 기억날 때마다 추가하시오.

자신의 장점	속성	이를 더 많이 활용할 수 있는 방법

반짝이는 순간들

목적: 자질을 확인하기

이 연습은 이야기치료(www.dulwichcentre.com.au)에 기초해 BRIEF(info@brief.org.uk)가 개발한 것이다.

- 당신이 최상의 상태였을 때, 반짝인다고 느꼈을 때에 대해 생각해 보세요. 그리고 이를 간략히 이야기해 보세요.
- 그 순간에 대해 특별히 눈에 띄는 것은 무엇인가요?
- 그 순간의 자신에 대해 기억하면서 가장 기쁘고 만족스러운 것은 무엇인가요?
- 그 밖에 또 주목할 만한 기쁜 일은 무엇인가요? 그 밖에 또 무엇인가요? 그 밖에는?
- 만약 이러한 자질이 당신의 삶에 훨씬 더 많이 관여한다면 누가 가장 먼저 알아차릴 것 같나요?
- 그들이 어떤 것을 보게 될까요?
- 그러한 것이 어떤 변화를 만들게 될까요?

도입과 가장 바라는 것

목적: 강점에 기초한 상담을 도입하기

여러분이 잘 알지 못하는 동료를 면담하여, 그들이 누구이고, 하는 일이 무엇이며, 그들을 웃게 만드는 것이 무엇이고, 그들이 가장 바라는 것이 무엇인지 알아내시오. 그들이 말하는 자질 중 하나를 선택하여, 이것이 여러분의 경험과 어떻게 공명되는지 동료에게 설명하시오.

강점 상담을 위해 도움이 되는 질문

- 오늘 당신을 미소 짓게 만든 것은 무엇인가요?
- 오늘 일어난 일 중 인생을 가치 있게 살도록 만든 일은 무엇인가요?
- 최근에 어떤 일로 인해 희망에 찬 느낌을 가진 때는 언제였나요?
- 최근에 당신이 성취한 것 중 작지만 정말 소중한 것은 무엇인가요?
- 당신이 최근에 즐거웠던 일 중 이로부터 무엇인가를 배웠던 일은 무엇인가요? 이로 인해 당신은 무엇을 다르게 했나요?
- 당신이 다른 사람과의 관계에서 감사한 때는 언제인가요?
- 당신이 자랑스러워하는 일 중 가장 최근에 한 것은 무엇인가요? 그 일을 어떻게 했나요?
- 당신이 최근에 한 일 중 더 나아진 것은 무엇인가요?
- 당신이 최근에 한 일에서 어떻게 좀 더 효과적이라는 느낌을 가졌나요? 이를 성취하기 위해 어떤 개인적인 강점을 활용했나요?
- 당신의 삶에서 최근에 특별히 제대로 되고 있는 것은 무엇인가요?
- 최근에 일어난 일 중 사람들에 대한 신뢰를 회복하게 한 일은 무엇이었나요?

기술을 확인하기(출처: 크리스 입슨과의 사적 대화)

> 목적: 사람들이 잘할 수 있는 것을 발견하도록 연습하기. 강점 기반 상담 기술에 대한 피드백 받기. 칭찬의 가치를 강조하기

두 명의 동료에게 이 연습에 동참해 줄 것을 요청하고 면접 대상자, 면접자, 면접자의 가장 친한 친구의 역할을 교대로 담당하시오.

- 면접 대상자는 취업원서를 냈으며, 해당 직업에 대한 핵심 자격을 모두 갖춘 상태이다.
- 면접자는 이 지원자가 '서류상의' 모든 수준의 다른 사람들과 비교해 뛰어난 점이 무엇인지, 그리고 이 지원자가 어려운 상황을 어떻게 다루는지 알아내려고 노력한다. 면접자는 어떠한 결점도 찾지 않으며, 이러한 사항을 기록한다.
- 면접자의 가장 친한 친구는 면접을 관찰한다. 가장 친한 친구로서 면접자가 잘하는 것만 주목하고 이에 대해 기록한다.

1단계

10분간 면접을 한다. 질문이 떠오르지 않으면 다음의 질문 목록을 참고하시오.

2단계

면접자는 자신이 들은 내용에 대해 인상적이었던 점과 그 이유에 대해 피드백을 한다.

3단계

면접자의 가장 친한 친구는 면접자에 대해 인상적이었던 점과 그 이유에 대해 피드백을 한다. 이를 변형하여 적용할 수 있는 방법은, 면접자와 면접 대상자가 이야기를 나눌 때 면접자의 가장 친한 친구는 포스트잇에 상담 기술이나 강점을 쓴

다음, 면접자의 허락을 받고 옷감이 손상될 수 있는 부분을 피해 면접자의 옷에 붙인다.

4단계

면접 대상자는 면접에 대해 얼마나 만족했는지 피드백을 제공하고, 어떤 질문을 받았다면 자신의 잘하는 점을 한층 더 이끌어 내었을 것 같은지 말한다.

유용한 질문

- 일이 잘되어 갈 때, 당신은 무엇을 하나요?
- 일이 잘되어 갈 때, 다른 사람들에 대해 어떤 점을 알아차리나요?
- 일이 안 좋은 결과로 흘러가지 않게 하기 위해 당신은 무엇을 하나요?
- 상황이 더 나빠지는 것을 멈추기 위해 당신은 무엇을 하나요?
- 어떤 사람들이 당신에게 가장 도움이 되나요? 당신은 그 도움을 어떻게 사용하나요?
- 과거 한때에 당신에게 어려웠던 일을 현재는 잘 해내고 있다고 느낄 때, 당신은 무엇을 다르게 하고 있나요?
- 당신이 지금까지 했던 일 중 가장 힘든 일은 무엇인가요? 그 일을 어떻게 해냈나요?
- 친구들은 당신에 대해 가장 좋아하는 점이 무엇이라고 말할까요?
- 당신이 이루어 낸 것 중 가장 자랑스러운 것은 무엇인가요? 그 일을 어떻게 해냈나요?

엉뚱한 질문들

목적: 창의적 질문을 개발하는 연습하기

한번은 이탈리아의 상담자와 가족치료자들이 모인 대집단에서 주디스가 통역을 통해 "여러분이 그동안 경험한 일 중 가장 어려운 상황은 무엇입니까?"라고 질문하였다. 처음에 사람들이 약간 어리둥절해했는데, 통역자가 "여러분이 그동안 경험한 일 중 가장 이상한 상황은 무엇입니까?"로 말했다는 사실이 곧 밝혀졌다. 이러한 질문은 어떤 사람의 기술을 확인하는 데도 똑같이 효과적이다.

엉뚱한 질문 목록을 작성해서 이를 동료에게 시험적으로 적용해 보시오.

유용한 추가 기술

다음의 질문은 성공적인 것이나 장점에 대해 생각하기 어려워하는 사람들 혹은 비난을 받아 왔던 사람들에게 유용하다.

- 〈빅 브라더(Big Brother)〉의 다이어리 방[1]에서 당신이 집에서 쫓겨난 이유에 대해 설명해야 한다면, 어떤 이유를 말할까요?
- 반려견에게 당신의 장점을 묻는다면 무엇이라고 말할까요?
- 거실에 금붕어가 있다고 상상해 보세요. 금붕어가 어항 안을 돌며 헤엄치다가 지루해져서 당신을 탐색하는 데 재미가 들렸어요. 다른 사람은 알 수 없는 당신의 어떤 장점을 금붕어는 알아챌까요?

---

1) 역자 주: 〈빅 브라더〉는 사람들이 바깥 세상과 고립된 큰 집에서 함께 살아가는 모습을 보여 주는 리얼리티 TV쇼의 이름이다. 빅 브라더라는 제목은 조지 오웰(George Orwell)의 소설 『1984』에서 유래되었다. 빅 브라더 쇼에는 다이어리 방이 있는데 쇼 참가자들이 다른 참가자들이나 스스로에게 깊은 속마음을 털어놓는 고백의 공간이다(출처: 위키백과, 빅 브라더-텔레비전 프로그램).

 **Top Tips: 기술에 대한 인정**

1. 여러분의 가족 중 한 사람이나 동료가 인상적인 어떤 일을 할 때, 그것을 메모지에 써서 냉장고 문이나 사무실 게시판에 붙인다.
2. '반(反) 쯧쯧 클럽(Anti Tut Tut Club)'에 가입해서 일상생활에서 사람들이 잘하는 일이 있을 때 주목하도록 만든다. 예를 들어, 공공장소에서 나쁜 행동을 하는 아동의 부모에게 쯧쯧 혀를 차는 대신에 바르게 행동하는 아이의 부모에게 "정말 사랑스러운 아이를 만나서 기쁘네요. 부모님께서 틀림없이 아주 바르게 키우셨을 것 같아요."라고 칭찬한다.

1. 상담 원리와 가정

사람들은 문제와 원인에 초점을 맞추는 경향이 있다는 것이 다수에게 정립된 이해 방식이다. 이는 사람들이 직면하는 어려움은 흔히 양육 방식이나 과거의 부정적인 사건 등 아동기 경험의 결과라는 강한 신념을 내포할 수 있다.

이것은 그 사람이 경험한 어떤 트라우마나 문제를 '받아들이는 법을 배우기' 위해 과거에 대해 이야기하고 이미 일어난 일을 거듭 살피는 것에 몰두하는 결과를 가져올 수 있다. 이는 우리의 문화적 기대로 인해 강화되는데, '당신은 과거를 다루지 않고는 앞으로 나아갈 수 없다'와 같은 말은 흔하고, 잡지와 같은 대중매체에서 쉽게 볼 수 있다. 이는 또한 사람들과 함께 일하는 특정 접근, 특히 정신역동적인 접근에서 흔하다. 초기 정신분석은 카타르시스가 모든 사람들에게 유용하다고 여기지 않았음에도 불구하고 말이다(예, Rycroft et al., 1966 참조).

이처럼 정상적인 정서발달에 영향을 미치는 어려움을 겪은 사람들의 문제나 결핍에 초점을 맞추는 것은 사람들에게 사고의 '왜곡'이 있다고 여기는 인지행동치료와 같은 좀 더 현대적인 치료들에서도 발견된다. 이와 같이 '잘못된' 사고방식은 사람들의 경험과 환경으로 인해 만들어졌는데, 이는 정보를 처리하고 이해할 때 고정되고 종종 유용하지 않은 방식으로 뇌를 '연결하며' 자신이나 다른 사람에게 손상을 줄 수 있는 행동으로 이끈다.

이러한 사람들은 사건에 대한 기존의 대응이 문제가 있으며 다른 방식으로 행동하는 것을 배울 수 있다는 것을 인식하면서 '재연결'하는 것이 필요하다. 이러한 접근은 폭력에 대한 작업을 할 때 상당히 흔한데, 사람들은 경계 신호를 인식하고 그들의 공격성을 좀 더 합리적인 행동으로 대체하면서 분노를 촉발하는 특정 사건에 대한 자신들의 자동적인 반응을 재학습한다.

잘못되고 있는 문제와 사람들의 부족함에 초점을 두는 것은 상담자로 하여금 문제나 결핍을 진단하고 이를 다루는 방법에 대해 지도하는 전문가의 자세를 갖게 만든다. 그것은 문제가 무엇이고 그것을 어떻게 다루어야 하는지에 대한 전문가의 이야기로 사람들의 이야기를 대체함으로써 충분히 경청할 기회를 줄이는 실천으로 귀결될 수 있다. 킷우드(Kitwood, 1997)는 이를 '악성 심리학(malignant psychology)'이라고 하며, 우리가 사람들에게 행하고 말하는 것은 사람들의 특성에 대한 우리의 이론에 기초하며 이는 그들에게 엄청난 영향을 미칠 수 있다고 한다.

많은 전문가는 어떤 수준이나 유형의 서비스를 제공해야 하는지 사정하기 위해 자신이 속한 단체에서 제공하는 체크리스트를 사용한다. 이러한 체크리스트는 중요한 질문이라고 가정되는 내용으로 미리 구성되어 있는데, 이는 정말로 중요한 내용일지도 모른다. 그러나 그러한 체크리스트를 사용하는 것은 오로지 목록에 있는 이슈에 대한 질문만 하도록 하고, 목록에 있지 않은 경우에 사람들이 자신의 상황에 대해 반드시 말해야 하는 것도 배제하게 만들지도 모른다.

해결중심상담은 완전히 다른 일련의 가정에 기초한다.

문제에 대한 가정

- 문제가 문제가 아니다. 내담자가 문제가 아니다.
- 문제가 반드시 개인적인 결핍을 나타내는 것은 아니다.
- 문제는 사람들의 내면보다 오히려 사람들 간의 상호작용에서 발생한다.
- 문제는 항상 있는 것이 아니다. 예외가 발생한다.
- 복잡한 문제라고 해서 언제나 복잡한 해결책이 필요한 것은 아니다.

과거에 대한 가정

- 사건은 그냥 일어난다. 과거에 대한 탐색은 비난으로 이끄는 반면, 목표는 미래를 위한 책임감을 발달시킨다.
- 문제가 없는 미래에 대한 탐색은 과거에 대해 곱씹거나 원인을 이해해야만 하는 것을 막아 준다.

- 진단이 미래를 결정할 필요는 없다.

변화에 대한 가정

- 변화는 항상 일어난다. 변하지 않고 그대로인 것은 아무것도 없다.
- 작아 보이는 변화라도 엄청나게 의미가 있을 수 있다.
- 변화는 대화를 통해 구성될 수 있다.

담화에 대한 가정

- 내담자가 반드시 말하고 싶어 하는 것을 듣는 것은 중요하다.
- 상담자는 섣부르게 내세우는 평가와 판단을 줄이는 **알지 못함**의 자세를 취한다.
- 심층을 보기보다 대화의 표면에 머무른다. 의미에 대한 어떠한 탐색도 상담자의 해석일 수 있다.
- 사람들은 다른 방식으로 경험하고 세상에 대해 인식한다. 그들의 현실은 당신의 현실과 다를지 모른다.

해결에 대한 가정

- 잘못되고 있는 것보다 잘되고 있는 것을 확인한다.
- 내담자는 문제에 대한 해결책을 갖고 있다. 이를 발견하도록 내담자를 돕는다.
- 내담자가 만들어 낸 해결책은 좀 더 의미 있고, 성취 가능하고, 성공적이다.
- 다른 사람들에게 효과적인 것이 항상 특정 개인에게도 효과적

인 것은 아니다. 각자에게 효과적인 것을 찾는다.

- 내담자의 선택을 증가시키는 것은 행동 변화를 가능하게 할 것이다.
- 목표가 성공적이기 위해서는 내담자에게 의미 있는 것이어야 하지만, 또한 합법적이고 도덕적이어야 한다.

다음 연습은 문제중심상담과 해결중심상담의 차이를 이해하고 좀 더 해결중심적인 관점을 발전시키는 것을 돕기 위해 고안되었다. 앞에서 기술한 실천 가정을 살펴보고 이러한 가정이 연습에 어떻게 반영되었는지 숙고해 보라.

문제에서 해결로

목적: 문제에 대한 해결중심접근을 연습하고 잘 진행되었던 상담을 상기하기

문제중심 질문	해결중심 질문
• 제가 어떻게 도와 드릴까요? • 문제에 대해 말씀해 주시겠어요? • 문제는 심층적인 어떤 것의 증상인가요? • 문제에 대해 좀 더 말씀해 주시겠어요? • 얼마나 많은 상담 회기가 필요할까요?	• 상담이 성공적이라는 것을 어떻게 알 수 있을까요? • 무엇이 변하길 원하세요? • 당신이 집중하기 원하는 주요 이슈에 대해 우리가 명확히 했나요? • 우리가 문제에 대한 예외를 발견할 수 있을까요? • 문제가 없는 미래는 어떨까요? • 우리가 목표를 충분히 성취했나요?

- 앞의 목록을 살펴보면서, 당신은 질문 문장에서 어떤 차이를 알 수 있나요?
- 당신은 현재 상담에서 어떤 질문을 사용하나요?
- 당신의 질문 중 내담자에게 가장 유용한 질문은 어떤 것인가요?
- 당신의 질문 중 전문상담자로서 당신에게 가장 유용한 질문은 어떤 것인가요?

(출처: O'Connell, 1998, p. 21)

지속적인 감사의 순환

목적: 사람들이 자신의 일상에서 유능함에 대한 세부사항에 주목하게 하기. 결핍에 초점을 두기보다 감사의 시각으로 세상을 보는 것을 배우기

1단계

사람들이 하는 일 중 당신이 감사할 일, 특히 바로 당신 앞에 숨겨져 있는 것들을 탐색하시오. 이를 알게 되면 언어적 혹은 비언어적으로 감사를 표하시오. 그다음 당신에게 파급되는 감사의 순환에 대한 증거를 어떠한 것이라도 주목하시오.

질문

- 당신은 집에서 어떤 감사할 점을 알아차리나요?
- 당신이 동료와 친구들에 대해 알아차린 감사할 점은 무엇인가요?
- 사람들이 말없이 어떤 방식으로 당신에게 기분 좋은 하루를 만들어 주나요?
- 그것은 당신에게 어떤 효과가 있나요?
- 당신이 그들에게 감사하다고 말할 때, 당신은 그들에게서 신체적 · 언어적으로 어떤 차이를 알게 되나요?
- 당신에게 다시 파급되는 감사의 순환을 주목할 때 당신에게 어떤 변화가 있나요?

2단계

당신의 내담자 중 비판이 많고 온기가 낮은 가족을 선택하시오. 그들에게 감사의 눈으로 가족원들을 살펴보도록 요청하시오. 폴 해켓(Paul Hackett)은 손끝으로 팔을 톡톡 건드리는 '보이지 않는 표식'을 줌으로써 가족에게 감사를 인정하도록 요청하고, 가장 많은 표식을 주고받은 사람이 누구인지 지속해서 세어 보도록 제안한다.

(출처: Paul Hackett, 2005, p. 38)

병리에서 서술로

> 목적: 전형적으로 진단, 결핍, 역기능, 병리 측면에서 사고하는 사람들이 해결 구축의 용어로 사고하며, 해결책이 반드시 문제와 관련될 필요는 없다는 것을 인식하도록 돕기

1단계

작은 집단을 이루어 각 참여자에게 내담자, 상담자, 관찰자의 역할을 맡도록 요청한다. 내담자는 현행 DSM에 따라 진단된 사람의 역할을 맡는다. 내담자는 자신의 진단명을 선택할 수 있다. 예를 들어, ADHD, 경계선 성격장애, 우울증 등이다. 그다음 그들은 진단에 대한 설명을 읽는다(구글에서 쉽게 찾을 수 있음). 상담자는 내담자와 상담을 하는 이유에 대해 면담을 한다. 그리고 내담자는 진단의 영향에 대해 이야기하고, 관계를 포함해 진단된 문제로 인해 겪는 어려움에 대해 호소한다. 상담자는 문제와 관련한 질문을 한다. 그다음 내담자의 역할은 집단의 다른 구성원에게 넘어가며 앞의 과정을 반복한다.

2단계

상담자는 문제와 관련되지 않은 측면이 어떻게 강점으로 작용하며 내담자를 지지하는지에 대해 질문한다. 일반적인 강점과 지지에서 특수한 강점과 지지로 옮겨가면서 질문한다. 그러고 나서 상담자는 내담자에게 문제에 대한 서술로부터 문제가 아닌 것, 즉 대처한 때와 예외 등에 대한 서술로 옮겨간 방법과 시점 및 지원에 대해 이야기하도록 요청한다. 모든 질문은 내담자의 이전 대답에 기초하여 구축되어야 한다.

3단계

이 연습의 각 부분에서 내담자가 경험한 것을 집단에 피드백하도록 내담자에게 요청한다.

(출처: Nelson, 2005, p. 73)

해결중심 물건 찾기 게임

목적: 해결중심상담의 기본 요소를 확인하고 적용하는 것을 연습하기

다음과 관련한 이야기나 예를 하나 찾으시오.

- 큰 변화를 이끈 작은 변화
- 문제에 대한 고유한 해결책
- 미래를 좀 더 긍정적으로 봄으로써 누군가를 변화하도록 도왔던 경험
- 내담자가 당신이 생각했던 것보다 빠르게 회복하여 놀랐던 때, 혹은 당신이 몰랐던 강점을 내담자가 보여 주었던 때
- 차이를 만들어 낸 무언가 다른 것을 하기
- 누군가의 해결책 일부가 되기

(출처: Fiske & Zalter, 2005, p. 127)

2. 상담 원리

상담자와 내담자 관계의 특성은 누군가의 삶에 대한 성공적인 개입을 위한 열쇠이다. 사람을 존중하는 것은 중요하다. 비록 그 사람이 자신이나 다른 사람에게 해를 입히거나 도움이 되지 않더라도 말이다. 그것이 미래에 대한 희망을 주고 새로운 행동 방식을 잘 이끌어 내기 때문이다. 어떤 사람들은 존중받는 데 익숙하지 않을지도 모른다. 또는 이전에 한 번도 존중받은 경험이 없을 수도 있다. 그리고 무엇을 해야 할지 말해 주거나 전문가가 진단하고 조언해 주기를 기대하고 자신의 삶에 대한 적절한 책임을 지는 것이 불가능하거나 제한을 받을지도 모른다. 해결중심상담의 가정은 사람은 가치 있으며 자신 안에 해결의 씨앗을 갖고 있다는 것, 그리고 '선'하며 삶에 긍정적 기여를 하려는 경향이 있다는 것이다.

3. 공감

공감은 칼 로저스(Carl Rogers)의 영향력 있는 치료적 관점에 기초해 휴먼서비스 실천에 대단히 널리 퍼져 있는 개념이다. 우리는 공감적이어야 하며, 진정으로 '다른 사람의 고통과 상황을 느끼기 위해서는' 그들의 감정을 이해해야 한다는 말을 듣는다. '다른 사람의 입장에 서서'라는 말은 흔해 빠진 이야기이다. 그리고 심리치료적으로 영향을 받는 우리 사회 내에서 문화적인 중요성을 갖고 있다. 해결중심접근은 정서를 무시하지 않으며 무관하다고 묵살하지도 않는다. 그러나 정서는 문화나 환경의 영향을 받은 방식으로 이해되고 표현되는 것으로 인식된다.

정서는 행위를 통해 표현된다. 이것은 낱말일 수도 있고, 어조나 움직임 혹은 다른 행동일 수도 있다. 정서적 행동(emotional behaviours)을 확인하는 것은 해결중심상담에서 중요하다. 왜냐하면 그들이 어떻게 느끼도록 도울 수는 없지만, 그들이 어떻게 행동하도록 변화시킬 수는 있기 때문이다. 예를 들어, 누군가가 다른 사람을 '사랑한다'고 말하는 것은 이러한 구성에서는 충분치 않다. 그것은 사람과 상황에 대한 특별한 의미들을 포함하고 있기 때문이다. 누군가가 다른 사람을 어떻게 사랑하는지 질문하고 용어를 수동형에서 능동형으로 바꾸는 것이 유용하다. 유사하게, 한 아이에게 '잘'하라고 요청하는 것으로는 충분치 않다. '잘하는' 행동이라고 기대하는 것을 자세히 설명할 필요가 있다. 다음 연습은 상담에서 이것이 어떻게 작동하는지 생각할 기회를 제공한다.

Top Tips: 동명사!

낱말을 동사형에서 동명사로 바꾸어서, 다음의 예와 같이 대화가 될 수 있도록 한다.

나는 그녀를 사랑한다!
당신은 어떻게 사랑을 합니까?
당신이 그녀를 사랑하는 것을 그녀는 어떻게 압니까?
당신은 사랑하는 사람이 되도록 스스로 무엇을 하나요?
당신이 최고로 사랑하고 있을 때는 언제입니까?
당신이 무엇을 하고 있을 때, 당신이 그녀를 사랑한다는 것을 모든 사람이 알 수 있을까요?

정서에서 행동으로 1

목적: 사람들이 정서를 어떻게 '실행'하는지, 그리고 어떤 행동이 정서에 영향을 미칠지 확인하기

이것은 어려운 연습이므로 필요하다면 동료, 친구, 가족에게 도움을 요청하시오.

다음의 단어에 대해 당신이 이러한 정서를 실행하는 방식과 관련된 신체적인 특징, 즉 측정 가능한 행동을 확인하도록 노력하시오.

정서	실행 방식
행복	
슬픔	
기쁨	
비참함	
배려	
타인에 대한 걱정	
죄책감	
당혹감	
좋은 자존감	

정서에서 행동으로 2

목적: 사람들이 정서를 어떻게 '실행'하는지, 그리고 어떤 행동이 정서에 영향을 미칠지 확인하기

다음의 단어에 대해 당신이 어떻게 측정 가능한 행동을 하는지 확인하도록 노력하시오.

상담 기술	실행 방식
공감	
경청	
배려	
비심판적	
동정	
이해	
도움이 되는	
유용한	
효과적인	

4. 가능성을 암시하며 정서를 인정하기(로저스 비틀기)

사람들은 삶에서 문제를 다루는 자신의 능력에 심각한 영향을 미치는 정서를 경험할 수 있다. 그리고 이를 인정하지 않는 건 둔감한 것일 것이다. 그러나 해결중심상담에서 대화란 사람들이 자신의 감정을 어떻게 묘사하는지를 반영하는 것 이상이다. 거기에는 잠재적 강점과, 겉으로는 압도적으로 보이는 부정적 상황에 대해 예외를 탐색할 기회가 있다. 누군가 결핍, 비참, 손상, 실패의 이야기를 할 때, 변화에 대한 잠재력을 잊지 않으면서도 이를 인정할 수 있다.

유용한 질문

중요한 부정적인 인생사건을 경험하면서 압도당하는 느낌을 갖고 있는 사람에게 다음과 같이 반응하는 것을 고려해 보시오.

- '지금은' 또는 '이번에는' 틀림없이 겁날/끔찍할/걱정될 [등등] 거예요.
- 이전에 한 번이라도 …… 느꼈던 적이 있었나요? 지난번에는 어떻게 회복했나요?
- 그러니까 당신은 지금까지는 …… 이겨 낼 수 없었군요?
- 당신은 상황이 더 나빠지는 것을 어떻게 멈추었나요?
- ……에도 불구하고 어떻게 그래도 계속하고 있나요?

- 그런데 당신은 아직도 어떻게든 병원에 가고 있네요—당신은 어떻게 이러한 결정을 했나요?

상담 사례: 예외 탐색하기

상담자: 우리가 상담 약속을 한 이후에 조금이라도 긍정적인 변화가 있는 것을 알아차렸나요?

내담자: 아니요. 아무것도.

상담자: 전혀 없었어요?

내담자: 네. 무언가 있었다면, 상황이 더 나빠진 거……

상담자: 그렇군요.

내담자: 음. 나는 **전혀** 통제할 수가 없어요!

상담자: 조금 더 설명해 보시겠어요?

내담자: 네. 저는 식사 후에 대부분 구토를 시작했어요.

상담자: 식사 후에 대부분이요. 그렇군요 …… 어떻게 식사할 때마다 매번 구토하지는 않았나요?

(Jacob, 2001, p. 20)

5. 경청

경청은 사람들과 일하는 데 있어서 핵심 기술로 간주된다. 그러나 경청이 항상 쉬운 것은 아니다. 그리고 사람들이 말하는 것을 경청하는 것은 사람들이 하는 질문과 사람들이 말하는 것에 대한 우리의 이해로부터 영향을 받는다.

우리에게는 극복해야 할 장애물이 있다. 즉, 사람들이 무슨 말을 하는지 이해하길 원한다는 장애물과 이를 우리가 사람을 이해하기 위해 사용하는 틀에 맞추려 한다는 장애물이다. 우리는 사람에 대해 다양한 이론적 이해를 한다. 비록 우리가 이것을 항상 인식하고 있는 것은 아니지만, 이는 우리가 언제 사람들의 이야기를 진정으로 들을지 결정하는 데 영향을 미친다.

해결중심상담은 사람들이 말하는 것을 섣불리 이해하는 것을 경계하며, '알지 못함(not knowing)'의 자세를 취하는 것을 선호한다. 이러한 태도는 호기심의 하나로, 누군가가 우리에게 말하려고 하는 것에 대해 우리는 모르거나 잘못 알 수 있다는 것을 가정함으로써 사람에 대한 개방성을 유지하려고 노력하는 것이다.

이같이 함으로써 우리는 내담자와 그들의 상황에 대한 질문을 계속할 수 있게 된다. 그렇지 않으면 우리는 이를 놓치고, 개인의 복합성, 의미, 해결책을 알 수 있는 기회를 축소시킬지도 모른다. 터넬과 립칙(Turnell & Lipchik, 1999)이 말한 바와 같이, 이해되었는지를 결정하는 것은 내담자의 역할이다. 문제와 문제에 대한 태도에 관한 내담자의 묘사와 경험에 대해 이해를 구축하는 것은 상담자의 역할이다. 자신의 이론에 따라 내담자의 이야기를 편집하는 것은 상담자의 역할이 아니다. 해결중심 경청은 평범한 사람은 없다는 신념과 진심 어린 관심을 필요로 한다. 다음 연습은 경청과 의사소통을 향상시키기 위해 사용된 몇몇 기술을 강조한다.

Top Tips: 경청

당신이 들은 것에 확실히 연결하기 위해서는 그다음 질문을 만들기 전에 당신의 질문에 대한 대답을 들을 때까지 기다린다.

호기심 어린 질문하기

목적: 호기심 어린 질문하기를 연습하고 경청 기술을 향상시키기

일하면서 누군가와 면담을 아주 잘 했던 때에 대해 동료와 함께 생각해 보시오. 교대로 당시에 어떻게 했는지 말해 달라고 요청하시오. 그리고 서로에게 다음 질문을 하시오.

- 어떻게 그렇게 했습니까?
- 그 밖에 또?
- 그 밖에 또?
- 그 밖에 또?
- 그 밖에 또?
- 그것을 더 많이 할 수 있습니까?

소진되어서 더 이상 대답할 말이 없을 때까지 계속하시오.

명확히 의사소통하기

목적: 당신이 사용하는 말이 이해되었는지 확실히 하고 전문용어 사용을 피하도록 돕기

1단계

소집단의 사람들에게 이러한 단어가 그들에게 무엇을 의미하는지 설명하도록 요청하시오.

- 책임
- 존중
- 동의

2단계

사람들에게 그들이 흔히 보고에서 사용하는 '전문'용어, 예를 들어 병행 계획, 기능, 아동의 요구를 우선시하기, 위험 요소, 경계선의 확립 등에 대해 확인하도록 요청하시오. 그다음 이러한 단어가 정확히 어떤 의미이며, 어디에 적절하고, 이것이 나타내는 구체적인 행동이 무엇인지 집단에서 토론하시오. 마지막으로 그들이 활용할 수 있는 좀 더 단순한 용어를 생각해 보도록 집단에 요청하시오.

말 관찰하기 1

> 목적: 경청 기술을 발달시키기. 내담자의 말을 정확히 들었는지 확인하는 것이 중요함을 강조하기. 문제에 대한 당신의 가정을 유예하는 것을 연습하기

- 사람이 경험하는 사소한 문제에 대해 동료와 상담을 하시오.
- 주의 깊게 듣고 그가 자신의 상황을 기술하는 데 사용했던 단어를 활용하여 당신이 들은 것에 대해 피드백을 하시오.
- 당신이 '제대로 했는지', 그리고 그들이 바꾸고 싶거나 더 자세히 이야기하고 싶은 것이 있는지 질문하시오.

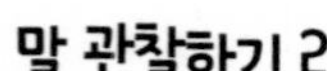

말 관찰하기 2

목적: 문제보다는 사람을 볼 수 있었던 때를 상기하기, 낙인을 피하는 것의 중요성을 강조하기

- 이전에 낙인(까다로운, 소통이 잘 안 되는, 학교폭력, 피해자 등)이 된 상태에서 상담에 왔던 사람을 상기해 보시오.
- 당신은 어떻게 낙인을 그 사람 전체로 여기는 것을 피할 수 있었나요?
- 그들이 그들의 낙인과 같지 않았던 때를 어떻게 알아냈나요?
- 그들의 낙인에 대한 그들의 관점을 어떻게 알아냈나요?

문제/진단을 재구성하기

목적: 해결중심 대화의 연습 기회를 제공하고 사람들이 협력하는 고유한 방법을 발견하기

1단계

당신과 힘든 관계에 있는 한 사람을 떠올리고 당신과 다른 사람들이 이 사람을 묘사하기 위해 사용했던 문제 관련 단어를 모두 쓰시오. 그다음 이 단어가 그 사람에 대해 알려 주는 긍정적인 속성을 모두 쓰시오.

예	무례한, 공격적인, 비협조적인, 파괴적인, 반항적인, 난감한 혹은 고집스러운 태도를 취하는 사람	창의적이고, 에너지가 많고, 포기하지 않거나 혹은 우울하다는 점을 시사할 수도 있다.
	우울한 사람	기쁨이 숨겨져 있어서 괴로워할 가능성이 있다.
	경계선 성격장애가 있는 사람	방향 변화에 준비된 사람일 수 있다.
	강박적 행동을 보이는 사람	세밀한 부분에 매우 잘 집중하는 사람을 의미한다.

2단계

당신이 아는 사람 중 가장 비협조적인 사람을 생각해 보고, 그들이 협조적이었던 때를 기억해 보시오. 단지 조금이었거나 다른 사람과 함께 있었던 일이라도 괜찮다. 당신 혹은 그 사람은 그들이 협조적일 수 있도록 무엇을 했는가?

만약 그들이 협조적이었던 때를 기억할 수 없다면, 그들이 당신과 협력할 수 있을 때 당신이 그들과 어떻게 함께할 것인지 그들에게 물어보시오.

대안

당신의 자녀가 협력이 부족한 예를 활용하여 이 연습을 해 보시오.

Top Tips: 예외를 발견하도록 장려하기

양면으로 된 통지표

학급에서의 행동문제와 교사와의 갈등으로 일일 보고상에 있는 학생을 위해, 양면이 똑같은 통지표를 다시 만든다. 한 면의 맨 아랫부분에 "(학생 이름)이 학급에서 잘했던 것을 기록하세요"라고 쓴다. 다른 쪽 면에는 "(학생 이름)이 학습에서 잘못한 것을 적되, 다른 쪽 면에 코멘트를 한 후에 기록하세요"라고 쓴다. 이것은 결국 학생의 좋은 면에 주목하게 하고 적어도 나쁜 면을 살펴보는 것을 멈추게 함으로써 학생과 교사의 상호작용을 변화시킨다.

6. 투명성

해결중심 작업은 흔히 다른 접근이 도달하기 위해 애쓰는 투명성과 개방성에 적합한 방식이다. 해결중심접근에는 감추어진 것이 하나도 없다. 즉, 사람에 관한 가정을 하지 않으며 선호하는 이론적 방법을 사용해 사람을 분석하고 이해하지 않는다. 전문적 역할을 하면서 사람들은 흔히 자신에게 속하지 않은 의미를 가득 담은 전문용어와 질문으로 인해 당혹감을 느낀다. 다음의 연습은 가능한 한 개방적이고, 따라서 가능한 한 상대를 존중하며 힘을 북돋울 수 있는 방법을 고려할 기회를 제공한다.

투명성 1

> 목적: 당신의 역할 범위와 한계에 대해 개방하는 것을 연습하기. 내담자와의 개방성이 중요함을 강조하기. 사람들의 본성과 그들의 문제에 대한 당신의 입장을 내담자와 공유하기

1단계

동료를 내담자로 가정하고 1회기 상담을 하시오(이때 최근 의뢰된 사례의 세부 내용을 활용할 수 있다). 당신의 역할 및 그 사람이 당신에게 주는 정보와 관련해 어떤 일이 일어날지 충분히 설명하고, 비밀보장의 한계에 대해 간략히 설명하시오.

2단계

당신이 개입에서 사용하는 방법을 간단히 설명하시오. 이 부분의 연습을 위해 어떠한 방법이든 사용할 수 있으나, 당신이 가진 지식의 특성과 사람들을 이해하는 방식에 대해 내담자에게 설명하시오. 내담자들은 흔히 상담자의 다양한 교체를 경험하며 상담자가 문제에 어떤 방식으로 다르게 접근할 수도 있는지 알 권리가 있으므로 이러한 점은 중요하다.

투명성 2

> **목적: 당신이 들은 것에 대해 개방성을 보여 주기. 해결중심 피드백 기록 준비를 연습하기**

1단계

10분 동안 사소한 문제에 대해 동료를 상담하고, 그들이 사용하는 말을 기록하시오. 그다음 다음에 제시된 주제를 적용한 피드백 기록을 준비하시오.

- 문제
- 문제 해결을 향한 진전(현재까지 무엇을 했는지)
- 해결책(이러한 일을 어떻게 했는지)
- 다음 단계(문제를 해결하기 위해 그다음에 무엇을 하기로 결정했는지, 그리고 누가 도울 것인지)

2단계

이 연습을 당신이 전문적이라고 여기는 사람과 다시 한 번 실시하시오. 전문적인 내용이 아니라 문제에 대한 그들의 묘사를 쓰도록 유의하시오.

상담 사례: 상담 기록하기

회기 기록

이름: 미카(Micah)

날짜: 20○○년 5월 10일

문제

미카의 가장 큰 문제는 낮에 오줌을 싸는 것이다. 그는 고치려고 노력했고 어느 정도는 성공했으나 너무 힘들어 보여 포기했다. 그를 돕기 위해 사람들이 제안한 많은 것들, 예를 들어 버저(buzzer) 누르기와 같은 것이 오히려 그를 당황하게 만들었다. 그는 스스로 이를 해결해야만 한다는 점을 알고 있다.

야단을 맞는 등의 압력은 도움이 되지 않는다. 미카는 학교나 집에서 야단을 많이 맞았다. 그 이유 중 일부분은 그가 자꾸 화장실에 가는 것을 잊어버리기 때문이다. 화장실에 가는 것을 방해하는 또 다른 것으로는 바쁜 것, TV 시청, 여동생과 말싸움하기, 열심히 숙제하기 같은 일들이 있다.

미카는 두 개의 양심을 갖고 있는데, 하나는 나쁜 것, 다른 하나는 좋은 것이다. 좋은 양심은 그를 향상시킴으로써 그가 다른 아이들처럼 될 수 있도록 하고, 학교에서 형편없는 상태가 아닐 수 있게 한다. 나쁜 양심은 일곱 살 때부터 그와 함께했고 매우 강해졌다. 나쁜 양심은 좋은 양심을 무시하라고 말하고, '신경 쓰지 마. 인생 뭐 있어, 참고 기다려.'라고 말한다. 또한 그가 거짓말을 하고, 물건을 훔치고 부수며, 다소 거칠고 폭력적이 되게 한다. 미카는 나쁜 양심에서 벗어나고 싶어 한다.

예외/진전(변화)

1. 일요일에 미카는 하루 종일 오줌을 싸지 않았다. 그는 자신의 노력에 기뻤고, 엄마가 '아, 무슨 냄새야?'라고 말하지 않으며, 2층에 올라가 옷을 갈아입느라 좋아하는 TV프로그램을 놓치지 않아도 되어서 기뻤다.
2. 가끔 미카는 친구들과 함께 나갈 수 있으며 오줌을 싸지 않는다.
3. 가끔 미카는 화장실에 가야겠다는 느낌을 인식할 수 있다. 그것은 단지 약한 느낌이다. 또한 그는 5분 동안 참을 수 있다.
4. 그는 무언가 지루한 일을 하고 있을 때는 화장실에 가는 것을 기억할 수 있다.

해결에 대한 생각

1. 미카는 즐거운 날이었기 때문에 일요일 온종일 오줌을 싸지 않았다. 성가신 일이 없었고 압력도 없었다.
2. 친구들과 밖에 나갔을 때, 미카는 오줌을 싸지 않아야겠다고 생각한다. 그렇지 않으면 젖은 자국을 친구들이 알아챌 것이다. 그는 미친 듯이 집중하면서도 여전히 맘껏 즐긴다. 그는 더 많이 즐길 것이고 매일 오줌을 싸지 않을 수 있다면 기분이 좋을 것이다.
3. 미카는 편안하고 그를 괴롭히는 일이 없을 때는 희미한 느낌을 가장 잘 인식할 수 있다. 그는 이 느낌을 강하게 만들기 위해 노력하고 있다.
4. 그는 씻는 등의 일을 할 때는 화장실에 가는 것을 기억할 수 있다.

과제

나쁜 양심은 미카가 편안함을 느낄 정도로 오랫동안 함께 있어 왔다. 나쁜 양심은 어떻게 미카를 약 올릴지 잘 알고 있고, 좋은 양심을 가둘 수 있다. 그래서 미카는 나쁜 양심을 없애는 방법에서 다소 교활해질 필요가 있다. 다음은 그가 할 수 있는 일이다.

그는 한 주 내내 실험을 할지도 모른다. 그는 매일 밤 동전을 던져서 뒷면이 나오면 온종일 좋은 양심이 이긴 것처럼 지내면서, 오줌을 싸지 않을 것이다. 앞면이 나오면 평상시처럼 지낼 것이다. 미카의 부모는 어떤 날이 다른지 알아챌 수 있을지 지켜보아야 하지만 그가 동전을 던지고 있는 줄은 모를 것이다.

나쁜 양심이 실험을 방해하는 것을 막기 위해 미카는 주머니에 제임스 본드 관련 물건을 갖고 다녀도 된다. 제임스 본드 카드도 되고 다른 것이어도 된다.

미카가 더 좋은 아이디어를 갖고 있다면 대신에 그것을 하거나 아니면 둘 다 할 것이다.

후기

상담자인 주디스는 나중에 나쁜 양심이 미카가 생각하는 만큼 강하지 않을지도 모른다는 생각을 했다. 결국 나쁜 양심은 그가 상담에 오는 것을 막을 수 없었고, 나쁜 양심이 그에게 어떻게 작동하는지 자세히 들여다보는 것을 막을 수 없었다. 어쩌면 좋은 양심이 조용한 방식으로 점점 더 강해진 것일까?

아동보호는 흔히 개입에서 가장 도전적인 분야로 여겨진다. 해결중심 접근은 전문가의 역할, 소관, 관심사가 무엇인지 명확히 하고 가족이 전문가의 견해를 들을 수 있도록 도움을 주곤 했다. 안전은 이러한 개입을 뒷받침하며 권위와 전문가적, 법적 책임을 여전히 가지면서도 해결과 강점에 기초한 방식으로 개입을 하는 것이 가능하다.

아동보호 개입에서 아동과의 투명성

목적: 아동에게 당신의 역할을 설명하는 것을 연습하고, 아동이 당신이 가진 권력의 정도와 한계를 알게 하는 것이 중요함을 강조하기

1단계

당신이 개입하고 있는 아동보호 사례를 활용하여 당신이 이 가족을 방문하고 있는 이유를 설명하는 막대인간(stickman) 그림을 동료와 함께 그리시오. 이는 법정이나 사례회의의 그림을 포함할 수도 있다. 그다음 당신을 방문하게 만든 가족의 사건에 대해 그리시오.

2단계

이러한 과정을 당신이 실제 만나고 있는 내담자와 다시 시도해 보시오. 아동이 당신의 그림을 이해했는지 확인하시오. 그다음 그들에게 행복하고 안전한 가정에 대한 막대인간 그림을 그리도록 요청하시오.

(출처: Turnell & Essex, 2006)

세 개의 집[2)]

목적: 아동 혹은 성인이 자신의 소망과 감정을 표현하도록 돕기

- 당신의 현재 직업에 관해 다음 세 개의 집을 완성하시오.
- 당신이 걱정하는 것, 현재 잘되고 있는 것, 당신이 직업에서 정말로 성취하고 싶은 것에 대해 목록을 작성하시오.
- 이러한 활동이 아동에게는 얼마나 도움이 될 것 같은가?

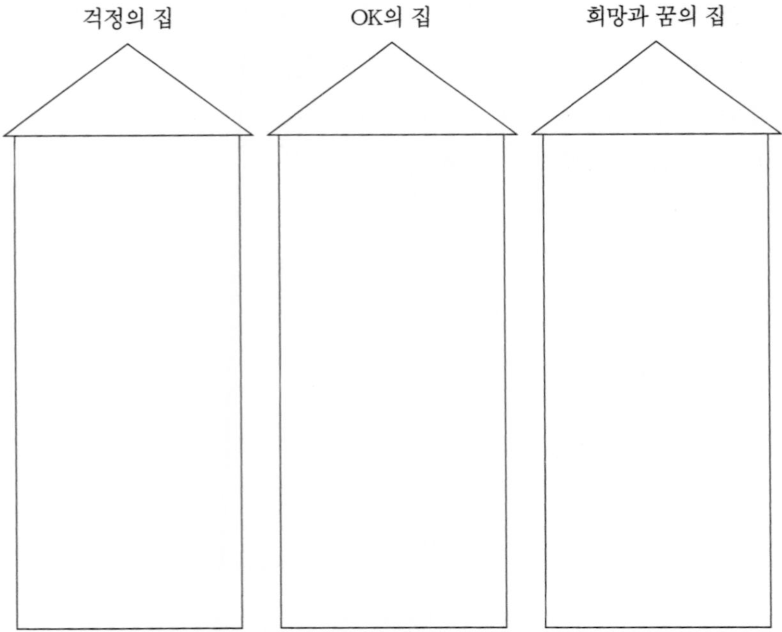

2) 출처: www.mythreehouses.com

아동보호 개입에서 성인과의 투명성

목적: 협력을 발전시키는 것을 연습하고 당신과 가족의 목표가 다를 수도 있다는 것에 대해 명확히 하는 것이 중요함을 보여 주기

당신이 개입하고 있는 아동보호 의뢰 사례를 활용하여, 집단에서 당신과 다른 사람들이 우려하는 점들을 도표의 왼쪽 편에 나열하시오. 그다음 이들 우려가 모두 사라진다면 그 사람이 무엇을 다르게 할 것인지 생각해 보시오. 이 칸은 입증할 수 있고 측정할 수 있는 보여지는 행동으로 구성되어야 한다. 다른 우려를 가진 사람들에게 이러한 작업에 도움을 달라고 요청하시오. 그다음 이 사례를 기꺼이 종결하기 위해 어떤 일이 일어나야 하는지 생각해 보시오. 마지막으로 예비 단계의 행동 계획을 짜시오.

부정형으로 표현되는 말, 예를 들어 '그는 때리는 것을 멈출 것이다'와 같은 말을 피하도록 주의하시오. 대신에 분노 조절, 사려 깊음, 존중 등을 보여 주는 행동을 찾으시오. 물질남용에 대한 염려가 있을 때에도 유사하게 목록을 작성할 수 있다. 즉, 집세를 지불했다, 냉장고에 음식이 풍부하다, 집이 따뜻하다 등 돈을 약물에 쓰지 않는다는 것을 보여 주는 모든 행동을 나열하면 된다.

 상담 사례: 안전에 대해 명확해지는 것

도나에게는 5명의 자녀가 있다. 자녀의 나이는 3개월부터 11세에 이르며, 이들의 아버지는 세 명이다. 위로부터 네 자녀는 위탁 보호를 받고 있으며, 양육에 대한 평가가 이루어지는 쉼터에서 엄마와 막내 동생을 정기적으로 만난다. 다음 표에서 중간 칸은 도나가 이미 안전에 기여하는 어떤 행동을 하고 있는지 보여 준다. 마지막 칸은 그녀가 자녀와 다시 합치는 것이 적절하다는 것을 전문가에게 알리기 위해 어떤 안전 조치를 보이는 것이 필요한지 보여 준다.

초기 안전 사정: 앰버, 토머스, 니스린, 사킵, 타일러

우려(되는 것)	안전의 증거	안전할 것으로 여겨지는 모습
1. 도나는 대마초와 암페타민을 남용하고, 그 결과 자녀들이 혼자 공원에서 놀게 하며 집을 엉망인 상태로 내버려 둔 적이 있음	–검사 결과, 도나는 6개월 동안 물질을 남용하지 않은 것으로 나타남 –그녀는 물질남용 예방집단에 참여하고 있음	–도나는 계속해서 물질남용을 하지 않은 것을 보여 주는 검사 결과를 제공할 것임 –또 다른 증거로는 깨끗하고 정돈된 집, 자녀들이 혼자 공원에 가도록 두지 않고 함께 놀아주기, 앰버, 토머스와 함께 읽기 연습하기, 가족과 친밀하게 지내기 등이 있음

2. 도나는 문제가 있는 부류의 남성을 파트너로 선택함. 마크는 외도를 했고, 화나면 집을 훼손하였음. 압둘은 도나에게 신체폭력을 하였음. 칼턴은 술을 심하게 마시고 술이 취했을 때 종종 도나를 폭행함. 앰버는 엄마가 맞는 것을 목격하였음	-도나는 칼턴에 대해 접근금지 조치를 하였고 전화번호를 변경하였기 때문에 그녀와 자녀들은 칼턴으로부터 벗어났음 -세 차례의 잘못된 선택 이후, 도나는 지금 사과와 변화에 대한 약속은 아무 의미가 없다는 것을 인식하고 있음 -현재 도나는 보다 자립적으로 살려고 함	-도나는 자녀들에게 초점을 맞추고 제대로 돌보는 것을 명심하며 혼자 자녀들과 살 것임 -그녀는, 예를 들어 전문대학 수업 참여와 같이 집 밖의 활동을 하면서 새로운 사람들을 만날 것임 -그녀는 가족과 친밀하게 지낼 것임
3. 여러 전문가들이 도나가 앞의 문제들을 최소화하며, 이에 대해 단지 표면적으로 인정하고 있음을 우려함	-도나는 책임을 수용함으로써 자녀를 자신으로부터 분리하도록 함 -그녀가 이에 관해 말하는 것을 주저하는 이유는 수치스럽고 당혹스러워서임 -그러나 자신이 무엇을 잘못했는지 알고 있고 이러한 잘못을 반복하지 않기 위한 해결책을 찾길 원함	-후회는 표현하기 쉽고 양적으로 측정하는 것이 불가능함. 보다 측정 가능한 안전의 지표는 1과 2에 제시된 것일 것임
4. 도나는 우울증을 앓고 있고 과거에 자해를 한 경험이 있음	-도나는 자녀를 분리하겠다는 첫 번째 경고 이후 자해를 하지 않음 -그녀는 지역보건의에게 상담을 하고 정기적으로 약을 복용함. 최근에는 스트레스를 보다 잘 다루고 있음	-도나는 자신감이 있고 잘 해낼 것이며 자해는 없을 것임 -그녀는 어려움이 있으면 도움을 요청할 것이며 사회적으로 잘 지원할 것임

자녀의 목표	부모의 목표	사회적 돌봄의 목표
1. 자녀들은 엄마가 있는 집에 돌아오고 싶어 함	도나는 자신이 돌볼 수 있도록 자녀가 집에 돌아오기를 원함	도나가 물질남용을 하지 않기, 자녀를 돌보기, 자녀의 안전을 확보하기, 일상생활을 유지하기, 전문가와 협력하기
2. 앰버는 엄마가 담배를 끊고 자신의 아버지에게 기회를 한 번 더 주기를 원함	도나는 자신의 행동이 변한 것을 증명할 기회를 원함	도나가 혼자 힘으로 무엇이든 하기

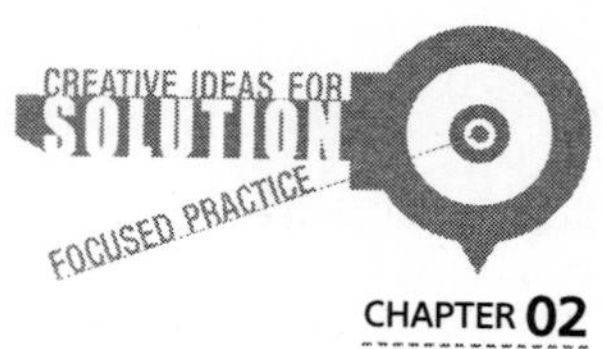

CHAPTER 02

상담 원리와 기법

해결중심상담은 몇 개의 원리와 기법으로 구성되어 있다.

- 문제에는 항상 작은 것이라도 예외가 있다.
- 그것이 가치가 있다면 분명하고 측정 가능한 목표로 설정할 필요가 있다.
- 모든 사람은 해결책을 발견하는 데 활용할 수 있는 강점과 자질을 갖고 있다.
- 진행되는 과정은 척도질문을 사용하여 평가할 수 있다.
- 내담자가 필요로 하는 도움이 문제를 해결하기 위한 동기의 증진인지, 능력의 증진인지, 또는 자신감의 증진인지를 평가하는 것이 중요하다.

우리의 작업은 우리가 내담자를 이해하고 있는지, 그들의 지식을 활용하고 있는지, 우리가 고안한 일반화된 프로그램을 처방하는 것은 아닌지 확인하기 위해 끊임없이 평가된다. 해결중심 대화를 하는 데에 있어서 문제에 초점을 두지 않는 대화(problem-free talk)로 시작하는 것 말고 다른 정해진 형식은 없다. 내담자에게 의미를 갖기 위해서 다양한 기법들이 융통성 있게 사용될 것이다. 그러나 우리는 혼란을 피하기 위해 여기서 기법들을 분리하려고 한다. 우리는 기법에 대한 간단한 설명으로 각 절을 시작하고, 이어서 상담자가 실제 상담에 사용하기 전에 기법을 연습할 수 있도록 사례와 활동을 설명할 것이다.

1. 대화 시작하기

대부분의 내담자가 당신이 문제를 해결해 주기를 기대하고, 그것이 당신을 만나길 원하는 가장 큰 이유이기 때문에 어떻게 해결중심 대화를 시작하는지가 중요하다. 많은 사람이 다른 사람에 의해서 치료를 받도록 '보내진다'. 해결중심상담자의 목표는 그들이 자신의 문제를 다른 각도에서 볼 수 있게 도와서 스스로 치료할 수 있도록 하는 것이다. 맥도날드(Macdonald, 2011)는 시작하는 질문으로 다음과 같이 제안한다.

- 안녕하세요. 제 이름은 ……입니다. 제가 어떻게 호칭을 하면 좋을까요?
- 오늘 여기에 오셔서 무엇을 얻어 가기를 원하시나요?

- 오늘 상담이 끝날 때 무엇이 달라지면 이 상담이 가치가 있었다고 할 수 있을까요?
- 당신에 대해서 무엇이든 좋은 것을 말해 줄 수 있나요?

또는 당신은 문제가 없던 때의 대화로 시작하는 것을 선호할지도 모른다. 사람들은 문제에 대해 이야기하는 것이 매우 익숙하다. 그리고 당신은 이러한 대화에 빠져서 그들이 해결책을 찾도록 도와주는 것을 잊을 수 있다. 해결중심상담은 문제에 초점을 두지 않는 대화로 시작한다. 즉, 당신을 만나기 바로 직전에 그들에게 어떤 일이 있었는지에 대해 얘기를 나눈다. 이것은 그저 사교적인 대화가 아니다. 왜냐하면 해결중심상담자는 이미 강점과 자원에 관심을 갖고 있기 때문이다.

문제 대화에 도전하기

목적: 경청 기술을 개발하기

1단계

동료의 직장일에 대해서 약 5분 동안 면담을 하시오. 당신은 고개를 끄덕여도 되지만 어떤 말도 하지 말아야 한다. 동료가 불평을 마치면 잠깐 쉬면서 당신이 들은 이야기를 기초로 몇 가지 칭찬할 말을 만드시오. 예를 들면, 인내심, 헌신 등일 수 있다. 이러한 칭찬을 동료에게 전달하시오.

2단계

다음 사람과 문제에 대해서 전문적으로 이 연습을 반복하시오.

(출처: Ghul, 2005, pp. 63-64; Lamarre, 2005, pp. 65-66)

만일 이것이 공식적인 약속이라면, 당신은 내담자가 예약을 하고 상담에 오는 사이에 어떤 변화가 있었는지 찾아볼 수도 있다. 흔히 상담을 예약하는 것은 문제를 다루는 어떤 해법을 촉발시키기에 충분하다. 어떤 사람은 문제가 해결된 상태로 약속된 상담에 온다. 예를 들어, 케이티(Katy)는 집에 있을 때 매우 불행하다는 문제로 상담을 요청했다. 그녀는 상담이 자기에게 잘 맞는지를 확인하기 위해 간단하고 가벼운 대화를 하려고 왔고, 약속 장소에 오기 전에 많은 생각을 했다. 처음 그녀의 목표는 '더 행복해지는 것'이었는데 자신에 대한 확신을 갖는 것, 그리고 그녀가 집에서 항상 잘못하고 있다고 믿지 않는 것, 혹은 사람들을 기쁘게 하기 위해서 무언가를 계속 해야 한다고 믿지 않는 것으로 발전되었다. 그래서 첫 번째 회기는 그녀가 어떻게 그렇게 행동했는지(더 자세한 설명은 Miller & O'Byrne, 2002, pp. 57-59 참조)에 대한 많은 질문으로 이루어졌다. 다른 상담자는 내담자의 문제에 대해 이야기하기를 원하고 '전문가'의 태도에 빠져서 어떤 충고를 하고 싶은 강한 유혹에 빠질 수 있다. 하지만 이렇게 하지 않는 것이 중요하다.

해결 초점을 유지하기

목적: 해결 초점을 유지하기 위한 방법을 제공하기

친구, 동료, 또는 당신과 함께 일하는 누군가가 당신에게 자신의 문제에 대해 의논하고자 한다면 다음과 같이 하시오.

- 당신이 무슨 충고를 할지 생각하세요. 하지만 아직은 말하지 마세요.
- 그들이 그동안 어떤 노력을 했는지, 무엇이 효과가 있었고 무엇이 효과가 없었는지 질문하세요.
- 어떤 것이 조금이라도 효과가 있었다고 하면 그것을 좀 더 할 수 있는지에 대해서 이야기 나누세요.
- 아무것도 효과가 없었다고 하면 무엇을 다르게 해 볼 수 있는지 질문하세요.
- 이를 위해 그들이 어떠한 자원을 갖고 있는지 질문하세요.
- 그들에게 필요한 외부 자원이 무엇인지 탐색하세요.
- 그리고 만일 당신이 충고하려던 것이 그들이 이미 이전에 시도해 본 것이고 효과가 없었다고 하면 당신이 하려던 충고는 잊으세요.

문제에 대하여 질문하기

다음은 내담자가 문제를 명료화할 수 있도록 돕는 질문들이다.

- 얼마나 자주 그런 문제가 일어났나요?
- 얼마나 오랫동안 지속되었나요?
- 예전에도 그런 일이 일어난 적이 있나요?
- 이전에는 그것을 어떻게 다루었나요?
- 그 문제가 일어났을 때 사람들은 무엇이라고 말했나요?
- 다음엔 어떤 일이 일어났나요?
- 그러고 나서 또 어떤 일이 일어났나요?
- 그 밖에 또 어떤 일이 일어났나요?
- 만일 벽에 붙은 파리가 되어 몰래 관찰한다면 어떤 일이 일어나는 것을 보게 될까요?
- 그 문제가 좀 덜 심각하게 느껴졌을 때에 대해서 말씀해 주시겠어요?
- 그때는 무엇을 좀 다르게 하고 있었을까요?

이런 질문이 놀라운 것은, 이런 질문을 통해서 내담자가 뒤로 물러나 앉아서 상담자에게 모든 일을 하도록 하는 것을 멈추고 자신이 다르게 할 수 있는 것, 자신이 가진 선택사항, 자신이 사용하고 있는 강점과 자질에 대해 골똘히 생각하기 시작하는 것을 상담자가 보게 될 것이기 때문이다. 그래서 상담자는 천천히 진행하면서 내담자에게 생각할 시간을 주고 생각을 정리해 나가도록 하는 것이 중요하다.

Top Tips: 아동과 청소년 내담자

1. 빅 브라더의 다이어리 방(Big Brother Diary Room)

아동이 말하기를 주저할 때에는 이렇게 질문한다. "네가 만일 다이어리 방에 있다면, 너는 문제에 대해서 시청자에게 무엇이라고 말할까?" "네가 그 집에 계속 머물 수 있도록 시청자가 투표하도록 만들려면 너는 무슨 말을 할까?"

2. 고객 불만 창구

가족이 서로 이야기를 많이 하거나 아동들이 상담을 방해하고 지장을 줄 때, 가장 말을 많이 하는 사람을 고객 불만 창구의 직원으로 지명하고 그에게 가상으로 마이크를 준다. 누구나 무엇이든지 불평을 할 수 있는데, 고객 불만 창구에서는 불평하는 고객을 위해서 공식적으로 발표를 하고, 모든 사람이 그 불평을 해결하기 위해 도와야 한다. 아니면 토론 내용과 가능한 해결책을 기록하기 위해 플립 차트를 사용하고 가장 말이 많은 가족 구성원에게 펜을 주어 기록하게 한다.

3. 축구 벤치(Couzens, 1999)

집단 구성원이 분위기를 방해할 때 한 명을 심판으로 지정한다. 한 구성원이 (집단에 의해 세워진) 집단의 규칙을 어기면 심판이 경고를 준다. 두 번째로 규칙을 위반하면 그 구성원은 집단이 정한 시간 동안 '페널티 박스(sin bin)'에 보내진다. 그가 다시 집단으로 돌아오면 그는 사과하고 집단은 무엇이 집단의 규칙을 위반하도록 촉발시켰는지에 대해서 이야기를 나눈다. 세 번째로 위반한다면 그 구성원에게 그 집단 회기에서 나가도록 요청하고 개인 회기에서 그 행동에 대해 다룬다.

4. 시청자에게 질문하기

해결책에 대한 생각이 부족한 아동에게는 친구들, 또는 책이나 텔레비전에 나오는 좋아하는 등장인물과 상의하라고 요청한다. 그 사람은 어떤 충고를 해 줄까?

상담 사례: 아동과 이야기하기

팀(Tim)은 아스퍼거 증후군과 경도 학습장애가 있다. 그는 어떤 행동이 적절한지, 특히 성적으로 성숙한 행동을 알지 못한다. 그리고 화를 벌컥 내는 행동 때문에 학교에서 쫓겨나기 직전에 있다. 팀은 분노조절 척도점수에서 자신에게 5점을 주었다(1점이 이제까지 가장 화를 크게 낸 점수이고 10점은 아주 평온한 점수이다). 그는 분노조절 척도에서 6점이 되기 위해서 무엇을 다르게 하면 좋을지 알지 못했다. 그래서 주디스(Judith)는 원조 팀[위탁 돌봄자 샐리(Sally)와 그녀의 손녀 애나(Anna)]에게 자문을 구하려고 팀을 초대하였다.

팀: 시청자에게 질문하라는 말인가요?

주디스: 그래.

팀: 싫어요, 나는 친구한테 전화할래요. [그는 그의 손을 귀에 갖다 댔다.] 당신도 나처럼 해야 해요, 주디스.

주디스: 좋아. [그녀의 손을 귀에 대면서] 샐리인가요? 안녕하세요. 나는 지금 팀과 같이 있어요. 팀은 모든 질문에 답변을 했는데 한 가지 질문에서 막혔어요. 그가 분노조절 척도점수에서 6점이 되

려면 무엇을 다르게 하는 게 좋을까요? 지금부터 30초 드릴게요. [샐리는 답변을 시작하였으나 팀이 큰 소리로 시간을 세는 바람에 주의가 산만해졌다.]

샐리: 나는 좀 더 생각할 시간이 필요해요.

팀: [주디스의 휴대폰을 들면서] 우리는 이걸 사용할 수 있어요.

주디스: 좋아, 내가 너에게 전화를 할게. [팀에게 휴대폰을 사용하는 척하면서] 여보세요, 팀의 선생님이신가요? 여기 팀과 함께 있는데요. 그가 모든 질문에 답변을 하였는데 한 가지 질문에서 막혔어요. 팀이 분노조절 척도점수에서 6점이 되려면 무엇을 다르게 하는 게 좋을까요?

팀: [선생님처럼] 그는 같이 공부하기 아주 힘든 아이예요. 글쎄요, 6점이 되면 주변을 돌아다니지 않고 조용히 앉아 있고, 교실에서 차분하게 있을 거예요.

주디스: 감사합니다. 아주 도움이 많이 되었어요. [휴대폰을 내려놓고 팀에게 주면서] 자, 너의 선생님이 말씀하는 것을 들었지. 그중에서 어떤 것이라도 좋은데 무언가 할 수 있을 거라 생각하니?

팀: 네.

주디스: 시작하기 가장 쉬운 것은 어떤 것일까?

팀: 돌아다니지 않는 것이요.

주디스: 어떻게 그것을 할 수 있을까?

팀: 그렇게 물어볼 줄 알았어요. 그냥 그렇게 할게요.

(Miller & Bateman, 2011, pp. 125-126)

2. 문제를 외재화하기

이것은 화이트와 엡스턴(White & Epston, 1990)이 고안한 이야기 치료 기법으로 내담자를 문제로 보지 않기 위해서 내담자로부터 문제를 분리하는 것이다. 진단을 내리거나 어떤 범주에 맞추는 것은 자원에 접근하는 데에는 도움이 될지 모른다. 하지만 그것은 상담자가 만병통치적 접근을 가정하면서 사람보다는 진단이나 범주화를 다루는 프로그램을 고안함으로써 지나치게 부정적인 영향을 미친다. 계획된 개입을 실행하는 데에 실패하였을 때 내담자를 비난하면서 저항적이고, 부인하고, 동기가 없다는 부정적인 말로 그를 탓할 것이다. 이는 문제를 가진 사람이라고 여기기보다 사람을 문제로 보는 결과를 가져온다. 어떤 문제도 사람 전체를 적절하게 설명할 수는 없다. 문제에 이름을 붙이는 것은 사람과 문제를 분리시키는 데에 도움이 되며, 따라서 이것에 관심을 갖고 있는 모든 사람이 사람보다는 문제에 '함께 맞설' 수 있도록 해 준다. 문제를 외재화하는 것은 사람들이 문제를 다루는 방식에 대해서 창의적일 수 있도록 자유를 주며 상황으로부터 비난을 제거해 준다.

상담 사례: 상담에서 외재화하기

조기 치매 증상을 갖고 살아가는 것에 대해 쓰면서 케이트 스와퍼(Kate Swaffer)는 이렇게 말한다.

당신이 만일 집에서의 생활처럼 치매를 생각하고 그것이 3인조 중 세 번째 사람이라고 생각한다면 우리 둘이 치매와 함께 사는 것처럼 보일 수 있다. 그리고 우리는 이 골치 아픈 3인조를 세 조연들(Three Stooges)이라고 부르고 심지어 '치매'를 래리(Larry)[1)]라고 부를 수도 있다(2015, p. 202).

---

1) 역자 주: 〈세 조연들(The Three Stooges)〉은 미국의 TV 프로그램으로 래리는 출연자 중 한 명이다.

문제를 개별화하기

목적: 문제를 분명하고 상세하게 묘사하기. 문제가 무엇인지 성급하게 사정하려고 건너뛰는 것을 피하기. 문제의 외재화를 시작할 기회를 제공하기

소집단에서 사람들에게 다음과 같은 질문을 사용해서 감정(예. 분노. 혼란. 좌절)을 묘사하도록 질문하시오.

- 그것은 무슨 색인가요?
- 그것은 어떤 모양인가요?
- 그것은 당신의 몸 어디에 살고 있나요? (예. 머리. 배. 가슴)
- 그것이 시작되려고 할 때 첫 번째 징후는 무엇인가요?
- 그것은 다음에는 당신 몸의 어디로 가나요?
- 그것은 당신에게 무엇을 하게 하나요?
- 그것은 얼마 동안 지속되나요?
- 다른 사람들이 무엇을 알아차리나요?
- 그것이 사라졌을 때 당신은 자신에 대해서 어떻게 느끼나요?
- 어떻게 자신을 진정시킬 수 있나요?
- 그 밖에 또 무엇이 있나요?
- 이것을 좀 더 할 수 있나요?

당신은 답변을 플립 차트에 적으면서 매우 재미있을 것이다. 예를 들어, 만일 당신이 화내는 것을 살펴본다면 당신은 대답을 색으로 나눌 수 있다(화가 항상 빨간색은 아니다). 그런 다음에 화를 그림으로 그리는데, 이는 보통 폭발하는 모양으로 그려진다. 비록 가끔은 내적 폭발이기는 하지만 말이다. 사람들이 어떻게 자신을 진정시키는지를 비교하는 것은 다른 집단 구성원에게 더 많은 아이디어를 줄 뿐 아니라 얼마나 다양한 방식으로 감정을 표현할 수 있는지를 보여 줄 수 있다. 이 연습 끝에 당신은 아마도 화에 대한 이름 목록을 갖게 될 텐데, 그것은 반드시 붉은 안개나 빨간 용암은 아닐 것이다.

아동은 성인보다 문제에 이름을 더 잘 붙일 가능성이 높다. 성인은 문제를 외재화하는 것을 더 어려워하는데, 예를 들어 '나는 중독자'(또는 '나는 헤로인 상습자'라고 표현할 가능성이 더 높음) 혹은 '나는 거식증 환자'라고 말할 때 당신은 단순히 좀 더 쉽고 덜 부정적인 이름을 사용할 수 있다. 여기 예에서는 당신은 헤로인이나 음식을 문제로 간주하며 외재화 대화를 할 수 있으며, 이때 사람이 아니라 문제에 대해 질문한다.

문제를 탐색하는 질문들

- 헤로인이 당신에게 도움이 되나요, 아니면 해가 되나요?
- 헤로인은 어떻게 당신의 삶에서 그것이 필요하다는 생각을 하게끔 속였나요?
- 헤로인이 당신의 삶이나 당신과 가까운 사람들과의 관계에 끼

친 영향은 무엇인가요?

- 헤로인과 헤로인이 없는 삶 간에 선택이 주어진다면 당신은 어느 것을 선택하겠습니까?
- 무엇이 당신이 헤로인에 저항하는 것을 막았나요? 어떻게 헤로인은 이런 상황을 이용해서 당신의 삶에 들어왔나요?
- 헤로인이 당신의 삶에서 얼마만큼을 차지해야 만족스러울까요, 아니면 얼마나 많은 것을 원하나요?
- 당신은 헤로인에 지배되는 것이 마음에 드나요?
- 헤로인이 당신에게 하는 거짓말에 빠지지 않았을 때에 대해 말해 주세요.
- 당신이 헤로인을 내버려 두었을 때에 대해 말해 주세요.
- 당신이 헤로인의 초대에 응하는 것을 거절한다면, 헤로인은 당신에게 무엇이라고 말할까요?
- 당신이 헤로인을 통제했다고 느꼈던 때에, 그것을 통제하는데 도움이 된 것은 무엇인가요?
- 당신이 희망과 꿈에 접촉하는 것을 헤로인이 중단시키지 않았을 때는 언제인지 말해 주세요.

당신은 헤로인을 탐색하는 질문에서 해결책의 일부를 구성하는 예외와 강점을 찾는 질문으로 발전하는 것을 볼 것이다.

3. 예외들

드세이저(de Shazer)는 항상 우울하다고 호소하는 내담자와 이야기하면서 예외의 중요성을 발견하였다. 드세이저는 내담자에게 만일 항상 우울하다면 우울한 것을 어떻게 알았는지 질문하였다. 내담자는 때로는 아주 나쁜 상태가 아니었기 때문에 우울한 것을 알았다고 대답하였다. 드세이저는 그에게 그렇게 나쁘지 않았을 때에는 무엇을 다르게 했었는지 질문하였다. 이 예외는 해결책의 씨앗을 품고 있었다. 예외는 아주 작을 수 있지만 그것은 자라날 수 있기 때문에 문제가 되지 않는다. 눈사람을 만드는 것과 마찬가지로, 가장 힘든 부분은 중심이 되는 핵을 만들어 가는 것이다. 당신이 일단 시작했다면 그것은 빠르게 굴러간다. 많은 사람이 예외를 그저 우연히 일어났다고 무시해 버리거나 어떤 예외도 없었다며 어쩔 수 없다고 말한다. 예외가 없다는 것은 매우 드문 일이지만 당신은 그것을 발견하기 위해 어려운 작업을 해야 할 수도 있다.

상담 사례: 예외 탐색

잭(Jack)은 폭력적으로 반응할 수도 있었지만 그렇게 하지 않았던 때가 단 한 번 있었던 것을 생각해 냈다. "내 형이 …… 지난 밤 나에게 상처를 입혔고 나는 그를 때려 주고 싶었어요. 나는 '닥쳐, 너는 나를 숨막히게 하고 있어'라고 말하고는 밖으로 나갔어요." 어떻게 그렇게 행동할 수 있었는지 질문하였더니, "글쎄요, 그건 나의 평상시 행동이 아니었어요. 만일 평소같았으면 나는 형을 때렸을 거예요."라고 대답하였다. 비록 화를 통제한다는 면에서 보면 아주 작은 것이지만, 그것은 책임지는 행동을 하기 시작한 중요한 예외였다. 왜냐하면 그것은 그의 삶에서 의미를 가졌기 때문이었다.

(Milner & Jessop, 2003)

예외 탐색

목적: 문제들이 덜 문제가 되었을 때를 발견하기

- 과식, 쇼핑, 흡연과 같이 당신이 변화하기를 바라는 충동적인 어떤 행동을 선택하세요.
- 당신이 충동을 제지할 수 있었을 때를 생각해 보세요. 그리고 그 때 무엇을 다르게 했었는지 검토해 보세요.
- 또는 모든 것이 평소보다 순조롭게 진행되었던 때를 생각해 보세요. 그때는 무엇이 달랐나요?

예외탐색에 유용한 질문

- 당신이 ……하지 않았던 때에 대해서 말해 주세요.
- 당신이 ……을 덜 했을 때에 대해서 말해 주세요.
- 당신이 ……와 같은 감정에도 불구하고 대처할 수 있었을 때에 대해서 말해 주세요.
- 당신이 ……처럼 느껴질 때 그리고 그렇지 않을 때, 당신은 무엇을 하나요?
- 어떻게 그렇게 했나요?
- 당신의 하루를 망치도록 두지 않았을 때에 대해서 말해 주세요.
- 당신의 하루를 망치는 ……를 중단시켰던 때가 마지막으로 언제였나요?
- 예외가 더 많이 일어나면 어떤 모습일까요?
- 예외가 더 많이 일어나면 누가 알아차릴까요?
- 예외가 더 많이 일어나도록 누가 당신을 도와줄 수 있을까요?

사람들이 그들의 문제에 대해 어떤 예외도 알아내기 어려워할 때 당신은 그들에게 과제를 내줄 수 있다.

가장하기 과제

가장하기 과제(pretend tasks)는 내담자가 어떠한 예외도 찾아내기 어려워할 때 예외를 만들어 내는 데 도움이 된다. 사람들은 덜 우울한 척할 때 더 나은 한 주를 보낼 가능성이 있고 작은 변화를 보고할 수 있다. 덜 우울한 척하는 것과 덜 우울한 것 사이에는 어떤 차이가 있을까? 많은 경우에 다른 사람들은 그 차이를 확실하게 말할 수 없을 것이고, 그 사람에 맞춰서 반응할 것이다. 가장하기는 사실상 실행하는 것과 같고, 그것을 할 수 있다는 것을 보여 준다.

드세이저는 가장하기에 대해 다음과 같이 말한다.

> 가장하기는 해결책을 구성하고 발전시키는 과정을 문제로부터 분리하고, 내담자의 역사적이고 구조적인 관점과 문제가 무엇인지에 대한 어떠한 불일치도 건너뛰게 해 준다. 일단 해결책이 발달하면 …… 문제가 무엇이었는지는 더 이상 문제가 되지 않는다(1991, p. 114).

버그와 루스(Berg & Reuss, 1998)는 동전 던지기를 과제에 추가할 것을 제안하였다. 예를 들어, 남편이 알코올중독자이고 아내가 이른바 공동의존자일 때, 아내가 남편을 떠날지 말지를 결정할 수 없는 경우에 사용할 것을 제안하였다. 동전은 어떤 특정한 날에 그녀가 아무리 좋은 상황이더라도 상관없이 남편을 떠날 것인지, 아니면 아무리 나쁜 상황이더라도 남편을 떠나지 않고 머물 것인지를 결정해 준다. 이것은 그녀에게 각각의 결정이 어떤 느낌을 주는지 볼 수 있는 여유를 제공한다. 우리는 무력감을 신중하게 다루기 위해 가장하기 과제를 사용할 때에는 훨씬 더 자세히 말하곤 한다. 우리는 내담자가 더 이상 문제가 없는 때에 가장 가 보고 싶은 장소를 나타내는 외국의 동전을 선택하도록 질문하면서, 동전을 둘러싼 이야기를 만들어 가는 것을 좋아한다. 가장하기 과제는 동전 던지기에 따라 그들의 모든 문제가 해결된 것처럼 또는 평상시처럼 하루를 보내는 것이다. 또한 우리는 동전의 어느 면이 가장 행복한 면인지 선택하도록 요청하고 이것을 문제 해결을 가장하는 날로 정한다.

문제가 해결되었다고 가장하는 것이 어렵다고 말하는 사람들에게 우리는 '그들이 동경하는 삶으로부터 빌려 오기' 과제와 함께 결합시킨다. 예를 들어, 린제이(Lindsay)는 학교에서 '더 잘 지내기'를 원했지만 그녀가 가장하기를 하는 날에 '공부벌레'로 보이는 것은 원치 않았다. 그래서 가장하기를 할 때 '잘 지내는' 것과 인기 있는 것을 결합시킨 것을 잘 해내는 또 다른 학생을 만들어 냈다. 린제이의 과제는 동전의 행복한 면이 나오는 날에 이 학생인 척하는 것이었다(Milner & O'Byrne, 2002, p. 53). 이 실험에 대해 무엇보다 즐거웠던 것은 더 선호하는 가장을 하는 날이 되는 쪽으로 동전이 자주 나온 것처럼 느껴진 것이다. 관계문제와 행동에 대한 문제를 호소할 때, 불평의 대상이 되는 사람은 더 나은 날처럼 가장하도록 요청받을 수 있고, 불평을 하는 사람은 어떤 날이 그랬는지 분간하도록 요청받을 수 있다. 이것은 문제 이야기를 약화시키고, 불평의 대상이 되는 사람의 체면이 깎이지 않으면서 다르게 행동할 수 있도록 역량을 강화한다.

예측 과제

예측 과제는 반사회적인 어떤 것을 하라는 목소리를 듣거나 충동을 느끼는 등 종종 내담자의 통제력 너머에 있다고 보이는 어려움을 극복하는 데에 필요한 통제력을 발달시키기 위해 사용된다.

자신의 행동을 통제하지 못하는 것을 예측하는 과제를 하는 사람은 점점 더 정확하게 예측할 수 있다. 예를 들어, 데이비드(David)는 폭력으로 이어지는 술자리에 대해 염려를 했다. 하지만 아침에 일어났을 때의 기분에 따라 달라진다는 것 외에 어떤 통제력도 확인할 수 없었다. 데이비드는 예측 과제 기록지를 받았고, 부모님과 여자 친구에게 데이비드의 좋은 날을 예측할 수 있는지, 그리고 그런 날에 그에게서 어떤 다른 점을 알아차렸는지에 대해 의견을 요청하였다. 다음 상담에 와서 그는 자신이 나쁜 날을 예측했었고, 그것을 어떻게 다르게 다룰지에 대해 여자친구와 논의했다고 보고하였다. 다른 사례를 보면, 카일리(Kylie)가 살고 있는 보육원에는 그녀의 비행이 상세하게 가득 적힌 파일이 있었다. 상담자는 카일리에게 가장하기 과제를 수행할 것과, 보육원 직원들에게 그녀 자신이 좋은 행동과 나쁜 행동 실험을 하고 있음을 알리도록 하였다. 또한 카일리가 어떤 날에 어떤 행동을 할지 직원들에게 예측해 보라고 요청하도록 하였다. 이는 직원들이 카일리를 대하는 방식을 변화시켰다(Miller & O'Byrne, 2002, p. 54).

과제를 수행할 것이라는 기대는 없다. 그것은 내담자가 해결책을 찾기 시작할 수 있게 하고, 그것을 인지하고 또한 인지되도록 하는 수단이다(앞서 나온 미카의 상담 사례 참조). 내담자들은 종종 그들 자신만의 더 좋은 아이디어를 가지고 있다.

과제 고안하기

목적: 예측 과제를 만들어 내는 연습하기

이것은 상담자가 연습하는 활동이다.

1. 당신의 현재 삶에서 지금처럼 계속되기를 원하는 것이 무엇인지에 대해 생각해 보거나 이야기 나누시오.
2. 당신은 목적을 달성하기 위한 몇 가지 좋은 방법을 이미 갖고 있다. 우리는 당신이 이미 하고 있는 것을 더 해야 한다고 생각한다.
3. 당신은 이미 많은 방법을 시도해 왔고 제한된 결과를 가져왔다. 지금은 완전히 새로운 어떤 것을 시도할 시점이다. 당신은 그것에 대해서 줄곧 생각해 왔기 때문에 무엇을 시도할지 당신 자신이 가장 잘 알 것이다.
4. 매일 저녁에 다음날 척도점수가 어디에 있을지 예측하고, 다음날 저녁에 당신이 옳았는지 점검하시오.
5. 매주 하루는 기적이 일어난 것처럼 가장하시오. 하지만 당신이 어떤 날을 선택했는지는 아무에게도 말하지 마시오.

(출처: Macdonald, 2011, p. 28)

4. 강점들

내담자가 비록 자신의 강점을 인식하지 못하거나 과소평가하더라도, 해결중심접근은 내담자의 강점을 찾는 것에 관심이 있다. 우리는 종종 내담자가 자신이 강점을 갖고 있다는 것을 마지못해 받아들이고, 문제나 결핍에 대해 이야기하는 것을 훨씬 더 편안하게 여기는 것을 발견한다. 실제로 어떤 내담자는 불행과 관련된 이야기를 즐길지도 모르지만, 이것은 긍정적인 해결책을 구성하는 데에 거의 도움이 되지 않는 무력감과 절망감을 생성하기 때문에 피해야 한다. 어떤 내담자는 자신이 어떤 면에서 잘한다고 말하는 것이 자화자찬이라고 믿도록 양육되었거나, 어렸을 때에 심한 비판을 통해서 약화되었을지도 모른다. 그래서 자신이 유능하고 창의적일 수 있고, 정말로 강점과 성공경험을 갖고 있을 수 있다고 인정하는 것을 회피하도록 배웠을 수 있다. 때로는 강점들이 잘 감추어져 있지만 우리를 정면에서 응시하고 있을 수도 있다. 단지 우리가 그 강점들을 있는 그대로 보지 못했을 뿐이다. 해결중심상담자는 내담자가 자신의 강점을 의심하고 무시하고 부정할 때조차도 강점을 인식하도록 격려하는 것을 도울 수 있다.

강점에 초점 두기

목적: 결핍보다는 강점을 찾는 것을 연습하기

사이먼(Simon)은 삶에서 크나큰 역경을 경험해 온 청소년이다. 어린 시절에 부모로부터 버림받았고, 그 후에는 불우한 위탁 환경에 놓여졌다. 이제 17세인 사이먼은 어떻게 삶을 변화시킬 수 있을지에 대한 의식은 거의 없이, 외롭고 절망하고 친구를 사귀려고 버둥거리며 자해행동도 하였다. 그는 소외된 청소년을 위한 특별 프로젝트에 연계되었고, 애착이론을 훈련받은 상담자 제임스(James)를 만났다. 제임스는 사이먼이 설명하는 문제와 감정을 들은 후, 사이먼의 문제가 뿌리 깊은 존재 방식을 만들어 낸 어린 시절의 어려움으로부터 비롯된 것으로 생각한다고 말했다. 그리고 제임스는 자신이 받은 훈련과 경험에 의거해서, 사이먼이 자신의 문제를 해결할 수 있겠지만 이것을 성취하려면 적어도 2년 동안 매주 과거를 탐색하는 상담을 받아야 한다고 생각하였다. 사이먼은 도움을 주겠다는 제임스의 제안은 고마웠지만 그렇게 장기간 프로젝트에 참여하는 것은 상상하기 어렵다는 생각이 들었고, 과거의 힘들었던 경험에 몰두하게 되었다. 그의 자해행동은 더욱 두드러졌다.

사이먼이 갖고 있다고 생각하는 강점과 자원의 목록을 만들어 보시오. 그러고 나서 더 많은 강점과 자원을 이끌어 낼 질문 목록을 작성해 보시오.

성공과 실패

목적: 우리가 이야기하는 방식에서 감정의 역할을 고찰하기 위해 사람들을 초대하기. 그들에게 강점에 초점을 두는 것의 중요성을 인식할 수 있게 하기. 문제에 초점을 둔 결과를 경험해 보기

1단계

당신이 어려운 과제를 성공했을 때를 떠올려 보시오. 성공에 수반되었던 즉각적인 감정이 무엇이었는지 동료와 함께 이야기 나누시오. 어떤 종류의 자기대화(self-talk)가 이 감정을 촉발시켰나요?

2단계

당신이 어떤 작은 일을 실패했을 때를 떠올려 보시오. 실패에 수반되었던 즉각적인 감정이 무엇이었는지 동료와 함께 이야기 나누시오. 어떤 종류의 자기대화가 이 감정을 촉발시켰나요?

(Young, 2005, p. 85에서 인용)

상담 사례: 강점 이끌어 내기

마리(Marie)는 제인(Jane)을 방문하였다. 제인은 우울 진단을 받은 적이 있고 자녀를 돌보는 것에 대해 어려움이 있었다. 제인은 매우 불행한 모습이었고, 집은 낮인데도 불구하고 커튼이 내려져서 어두웠다. 제인은 지금의 상황에 대한 절망감과 부모로서의 실패감을 표현하였다. 마리는 이 얘기를 듣고 제인 자신과 자녀들에게 있어서 좋은 것에 대해 말해 달라고 하였다. 제인은 처음엔 약간 당황하였지만 일련의 강점들과 자녀에 대해서 성취해 온 것들을 말할 수 있었다. 그러고 나서 그녀가 이런 일들이 있도록 자신이 역할을 했다는 것을 인식하기 시작하였다.

마리는 제인이 우울함에도 불구하고 어떻게 자녀들에게 긍정적인 일을 할 수 있었는지에 대해 더 많은 질문을 하였다. 제인은 그녀 자신과 부모로서 갖고 있는 자질에 대한 이야기로 옮겨갈 수 있었다. 초기에 사교적인 대화를 하는 것과는 달리, 그들의 대화는 제인이 어떻게 자신에게 숨겨진 강점들을 사용하여 일시적으로 우울의 효과를 억제할 수 있을지 생각하도록 돕는 도구로서 발전하였다. 제인에게 어린 시절 그녀를 웃게 만들어 준 것 등 자랑스러웠던 때를 찾아보게 하였기 때문에 대화는 즐겁고 유쾌하였다. 상담이 끝날 즈음에, 제인은 마리와 함께 해결책을 위한 작업을 하는 데 있어서 훨씬 더 나은 마음의 틀을 갖게 되었다. 마리가 돌아간 후 제인은 커튼을 젖혀서 햇빛이 들어오게 하였다.

강점을 이끌어 내기 위한 추가 질문들

- 나는 당신이 여기에 오게 한 일을 제외하고는 당신에 대해서 거의 알지 못해요. 당신이 행복하게 느끼는 것은 무엇인지 말해 주시겠어요?
- 당신은 무엇에 흥미가 있나요?
- 당신은 어떤 일을 즐기나요?
- 당신이 잘하는 일은 무엇인가요?
- [친척들에게 질문] 당신이 내담자에 대해서 자랑스럽게 여기는 일은 무엇인가요?

강점 찾기

목적: 내담자가 잘할 수 있는 일에 초점을 두는 것을 연습하기. 강점을 이끌어 내는 질문들을 개발하기

앞에 나온 질문 목록을 참고하시오.

- 이와 같은 방식으로 당신은 어떤 다른 질문을 할 수 있나요?
- 당신은 이 질문들에 대해 어떻게 대답을 할까요?
- 이 질문들은 당신에게 어떤 감정이 들게 하나요?

이끌어 내기 기술

목적: 당신이 갖고 있는 기술을 확인하는 것을 돕기

당신이 내담자에게 긍정적인 결과를 가져오게 했던 전문적인 상담을 떠올려 보시오.

- 당신은 어떻게 문제의 특성에 대해 내담자에게 동의할 수 있었나요?
- 당신은 어떻게 문제에 대한 관점에 대해 내담자와 명료화할 수 있었나요?
- 당신은 어떻게 상담을 언제 종결할지에 대해 내담자와 동의할 수 있었나요?
- 당신은 종결에 대해 어떤 계획을 했나요?
- 돌이켜 생각해 볼 때, 당신은 합당한 성과를 얻으면서 좀 더 일찍 상담을 종결할 수 있었을까요?
- 만일 그렇다면 어떻게 그렇게 할 수 있었을까요?

Top Tips: 상처받기 쉬운 내담자의 강점 이끌어 내기

1. 반항적인 아동

반항적인 아동은 특히 칭찬에 불편해한다. 만일 실제로 반항적인 아동에게 그들이 당신을 기쁘게 한 어떤 일에 대해 이야기한다면, 그것은 단지 그들이 반대로 행동했을 때 당신을 화나게 할 다른 방법을 알려 주었을 뿐이다. 마찬가지로, 반항적인 아동은 보통 자존감 수준이 높기 때문에 당신의 간접적인 칭찬을 무시하는 경향이 있을 것이다. 대신에 당신은 '알아차림(noticing)'으로써 칭찬을 할 수 있다. 예를 들어, 당신은 거의 무관심한 방법으로 "나는 네가 여동생에게 친절한 것을 알게 되었어."라고 말할 수 있다. 그리고 또 다른 '알아차림'의 기회가 있을 때까지 내버려 둔다. 레비와 오한런(Levy & O'Hanlon, 2001)은 『Try and Make Me!』라는 책에서, 당신이 반항적인 아동에게 했던 한 개의 부정적인 코멘트에 대해서 10개의 인정해 주기를 하라고 권장하고 있다. 그래야 그들은 자신들이 정말 잘하는 것이 무엇인지 알아챌 수 있기 때문이다.

2. 치매를 가진 내담자

베이커(Baker, 2015)는 비록 인지가 상당히 손상된 내담자라도 강점을 어떻게 발견할 수 있는지를 설명하고 있다. 이 강점들은 내담자로 하여금 좀 더 가치 있게 느끼게 하고, 예를 들어 거주시설에 더 잘 적응하도록 돕는 데 사용할 수 있다. 그녀는 다음과 같이 말한다. "나는 우리 시설 중 한 곳에 있었던 여자 교장을 기억하고 있다. 그녀는 자신이 학교에서 했던 역할을 여전히 하고 있다고 믿고 있었기 때문에, 항상 다른 거주자들에게 이렇게 행동해라, 앉아라, 조용히 해라와 같은 말을 하면서 야단을 쳤고, 거주자들은 그녀 앞에서는 그녀의 아동들이었다. 우리는 이 특별한 여성에 대해 알고 있었기 때문에 그녀와 함께 상담을 할 수 있었고, 그 당시 그녀가 갖고 있는 틀에 맞춘 다른 활동들로 이끌었다. 예를 들어, '기록부'를 보거나 일기를 보거나 책을 보는 것을 권장하였다. 이것은 그녀가 가치 있는 어떤 일을 하고 있다는 느낌을 갖도록 도와주었다. 궁극적으로 그녀로 하여금 웰빙과 자존감을 유지하도록 해 주었고, 시설에 있는 다른 거주자를 괴롭히는 위험을 감소시켰다."(pp. 50-51)

강점 이끌어 내기 1

목적: 어려운 상황에서 강점을 확인하는 연습하기

- 지금 상담을 하는 데 어려움이 있는 아동을 떠올려 보세요.
- 그 아동의 좋은 점 세 가지를 생각해 보세요.
- 좋은 점들을 인식하는 것이 그 아동을 상담하는 데에 어떤 차이를 만들어 낼까요?
- 그 아동은 자신의 이러한 좋은 점들을 알고 있을까요?
- 당신은 아동이 그것들을 드러내도록 어떤 질문을 할 수 있을까요?

강점 이끌어 내기 2

목적: 어려운 상황에서 강점을 확인하는 연습하기

- 당신의 시설에서 직원과 다른 거주자 모두를 힘들게 하는 거주자를 떠올려 보세요.
- 그의 과거를 돌아보면서, 필요하다면 이 거주자의 친척들과 이야기를 나누면서 그의 강점이 무엇인지 찾아보세요.
- 그러고 나서 직원들과 함께 이 강점을 그 거주자와 거주시설 모두의 상황을 개선하는 데 어떻게 활용할 수 있는지 이야기를 나누세요.

5. 목표 설정하기

명확한 목표를 갖는 것은 중요하다. 그렇지 않으면 당신의 상담이 효과적이었는지 아닌지 알 수가 없을 것이다. 목표를 설정하는 간단한 방법은 다음과 같이 묻는 것이다.

- 저와의 만남이 가치가 있다는 것을 어떻게 알 수 있을까요?
- 무엇을 알아챌까요?
- 당신이 가장 바라는 것(best hope)은 무엇인가요?
- 우리의 상담이 당신에게 도움이 되었다는 것을 당신이 알려면 어떤 일이 일어나야 할까요?
- 다른 사람들은 무엇을 알아챌까요?

당신이 목표를 명확하고 구체적이며 행동적인 변화로 설정한다면 목표의 성취 여부를 측정하는 것은 훨씬 쉽다. 예를 들어, '나는 행복할 것이다'라는 목표는 너무나 광범위한 것이라서 내담자에게 행복할 때 무엇을 다르게 할 것인지를 물어서 목표를 발전시켜야 할 필요가 있다. "내가 당신의 집 창문으로 들여다보면서 당신이 행복한 것을 볼 수 있었다고 가정해 봅시다. 내가 무엇을 보았을까요? 그리고 당신은 무엇을 하고 있었을까요? 행복은 어떤 모습인가요?" 이러한 질문은 내담자에게 행복이 무엇을 의미하는지에 대해 상담자가 오해를 하거나 잘못 해석하지 않게 하는 데 도움이 된다. 또한 내담자가 자신이 가장 바라는 것이 성취되었을 때 실제 무엇을 하고 있을지를 이야기하도록 돕는데, 이것은 개인의 책임감(responsibility-taking)을 증가시킨다. 이렇게 잘게 쪼개는 것은 목표를 작고 성취 가능한 것으로 보이게 할 것이다. 이는 상담을 시작할 때 도달할 수 없고 압도적인 것으로 느껴질 수 있는 하나의 큰 덩어리로 된 목표와 반대되는 것이다. 이 말은 당신의 목표가 항상 대단하지 않은 것들이라는 것을 의미하는 것은 아니다. 이는 단순히 가장 간단하고 가장 쉽게 성취할 수 있는 목표로 시작할 것을 의미한다.

사람들은 목표를 세울 때 '다른 사람을 때리지 않을 것이다.' 혹은 '난 절대 헤로인(마약)을 사용하지 않을 것이다.'와 같이 부정적으로 묘사하는 경향이 있다. 그런데 다시 말하지만, 목표를 무엇이 없어지거나 무엇을 끝내는 것 대신에 무엇이 있거나 무엇을 시작한다는 말로 표현한다면, 상담이 내담자에게 효과적이었는지의 여부를 더 쉽게 측정할 수 있다. 목표는 시간이 지남에 따라 변화하고 더 발전한다. 그러나 목표는 항상 윤리적이어야 하고 성취 가능해야 하며 시간 제한적이고 측정 가능해야 한다. 그렇지 않으면 당신은 자신이 무엇을 하고 있는지 정말로 알지 못한다.

명확한 목표 만들기

목적: 측정 가능한 결과들을 탐색하기

- 당신이 상담하고 있는 내담자에 대해 생각해 보세요. 이 내담자의 의뢰인은 부정적인 말로 문제를 기술하였습니다.
- 내담자가 무엇을 다르게 하면 문제가 더 이상 존재하지 않는다는 사실을 의뢰인이 확신하게 될까요?

목표 설정에 도움이 되는 질문

- 당신은 어떤 사람이 되고 싶나요?
- 오늘 당장 당신이 [목표를] 수행한다면 자신이 무엇을 하는 것을 보게 될까요?
- 당신이 [목표를] 수행할 때 다른 사람들은 무엇이 달라진 것을 알아챌까요?
- 그 사람들이 당신에게 어떻게 다르게 반응할까요?
- 이것이 당신에게 도움이 될 것이라는 것을 어떻게 생각하나요?
- [목표를] 수행할 첫 번째 기회는 언제일까요?
- 당신이 여기에 더 이상 올 필요가 없는 시점을 당신이 어떻게 알게 될까요?
- 당신이 여기에 더 이상 올 필요가 없다는 것을 내가 어떻게 알게 될까요?

부모에게 폭력을 행사하는 사람들과 목표 설정하기

폭력적인 사람에게 다음의 '폭력 극복하기 척도(Overcoming Violence Scale)'에 답을 하게 하고, 비폭력적인 상대(파트너)에게도 폭력적인 사람이 어떻게 답을 적을지 그들의 관점에서 동일한 척도에 답을 하게 한다. 그러고 나서 두 개 척도의 답을 비교하고, 똑같이 표시된 문항을 표시하고 적어 둔다. 그다음 비폭력적인 사람에게 그들이 '전혀 그렇지 않다' 혹은 '조금 그렇다'로 표시한 항목들 중에 1점이 올라가면 큰 차이가 생길 하나의 항목을 고르게 한다. 이것이 폭력적인 사람을 위한 목표가 된다.

폭력 극복하기 척도

번호	가장 알맞은 곳에 체크하세요	전혀 아니다	약간 그렇다	그런 편이다	매우 그렇다
1	논쟁할 때 침착하게 말할 수 있다.				
2	끼어들지 않고 상대의 얘기를 들을 수 있다.				
3	순서를 지키는 방법을 알고 있다.				
4	상대가 화를 낼 권리가 있음을 수용할 수 있다.				
5	상대가 나를 돌보고 나에게 감사하고 있음을 느낀다.				
6	상대가 화를 낼 때, 화가 가라앉기를 기다린다.				
7	'사람을 무시하는 말'을 사용하지 않는다.				
8	상대가 나를 무시하면, 나는 계획된 반응을 하게 된다.				
9	우리는 서로의 의견을 존중한다.				
10	우리는 서로를 신뢰한다.				
11	논쟁할 때 빈정거리는 말에 저항할 수 있다.				
12	우리는 두려움 없이 상대에게 솔직할 수 있다.				
13	화내는 말이 시작되는 것을 알아차렸을 때 그 말을 제어할 계획이 있다.				

번호	가장 알맞은 곳에 체크하세요	전혀 아니다	약간 그렇다	그런 편이다	매우 그렇다
14	화를 느끼는 것은 괜찮으나 화를 표현하는 것은 언어를 포함하여 괜찮지 않다.				
15	폭력을 써서 상해를 입힌 것에 대해 책임을 진다.				
16	내 뜻을 관철하기 위해 폭력을 사용할 권리가 내게 없음을 깨닫는다.				
17	상대와 논쟁을 벌일 때 이겨야 할 필요를 느끼지 않는다.				
18	폭력은 괜찮다고 말하는 나의 태도와 생각을 갖게 만든 곳에서 일해 왔다.				
19	폭력을 지지하는 태도와 말에 도전할 수 있다.				
20	논쟁할 때, 우리 둘 중 하나가 통제력을 잃을까 봐 걱정하지 않는다.				
21	상대가 나에게 자신이 생각하는 것을 말하기 쉽게 하는 방법이 있다.				
22	일에서 위축되는 것을 다루는 방법이 있다.				
23	음주를 통제할 수 있다.				
24	약물 사용에 저항할 수 있다.				
25	(마음을 읽어 주기를 기대하지 않고) 내가 원하는 것을 공손하게 요청할 수 있다.				
26	도움이 필요할 때 도움을 요청한다.				
27	폭력이 없는 관계를 만들기 위해 정기적으로 계획한다.				
28					
29					

Top Tips

목표 설정에 어려움이 있는 사람이라면 다음과 같이 묻는다. “여기가 당신의 문제에 대한 해결책을 살 수 있는 상점이라면, 오늘 당신은 무엇을 사시겠습니까?”

목표 설정을 위한 '기적질문'

이 질문은 내담자가 문제를 좀 더 감당할 수 있거나 혹은 다 해결되었을 때 자신의 삶이 어떠할지에 초점을 맞추게 하는 데 도움이 된다. 기적질문은 다음과 같다.

> 지금, 제가 좀 이상한 질문을 하나 하려고 합니다. 당신이 오늘 밤 자는 동안에 당신의 집이 아주 조용한 가운데, 기적이 일어난다고 가정해 봅시다. 당신이 여기에 가져온 문제가 해결이 되는 것, 그것이 바로 기적입니다. 그러나 당신이 자고 있기 때문에 기적이 일어난 것을 당신은 모릅니다. 내일 아침에 일어났을 때, 무엇이 다를까요? 그래서 기적이 일어나서 당신이 여기에 가져온 그 문제가 해결되었다는 것을 말해 줄까요?

기적질문에 대한 확장 질문

- 무엇을 알게 될까요? 또 다른 것은요? 또 다른 것은요? 또 다른 것은요?
- 무엇을 보게 될까요?

- 무엇이 다를까요?
- 다른 사람들은 당신에게서 어떤 것을 알게 될까요?
- 아침이 좀 지나서 사진을 찍습니다. 지금은 무슨 일이 일어나고 있나요? 기적이 일어났다는 것을 당신에게 말해 주는 또 다른 것은 무엇인가요?
- 직장과 집, 또는 다른 장소에서 달라진 점은 무엇인가요?
- 집에 돌아와서 늦은 오후에 무엇을 알아차리게 될까요?
- 기적이 일어난 그날의 끝에 당신은 자신에게 무슨 말을 해 주고 있을까요?

목표 설정을 위한 '악몽질문'

루스(Berg & Reuss, 1998)는 자신의 미래를 비관적으로 보는 사람들, 예를 들어 음주 문제가 있는 사람이 금주가 해결책이 아닌 또 다른 문제가 될 뿐이라고 생각하는 사람들을 위해 악몽질문을 만들었다.

> 당신이 오늘 밤에 잘 때 악몽을 꾼다고 가정해 봅시다. 당신이 여기에 가져온 모든 문제가 갑자기 가장 나쁘게 되어 버린 악몽입니다…… 그런데 이 악몽이 실제가 되어 버린 거예요. 내일 당신은 악몽과 같은 삶을 살고 있다는 것을 무엇을 보고 알아차리게 될까요?

악몽질문에 대한 확장 질문

기적질문에 대해서 묻는 것과 똑같이, 처음에 악몽에 대해서 상세한 것을 탐색한다. 그러고 나서 다음의 질문을 한다.

- 지금 악몽의 작은 부분이라도 일어나고 있는 때는 언제인가요?
- 그런 때에 악몽은 무엇과 같은가요?
- 악몽이 일어났을 때 악몽에 가장 영향을 많이 받는 사람은 누구인가요?
- 악몽이 일어나지 않는 것을 보는 것에 가장 관심을 갖는 사람은 누구인가요?
- 악몽이 일어나지 않게 하려면 무엇이 필요한가요?
- 악몽이 일어나지 않도록 당신이 무엇인가 할 수 있다는 것을 어떻게 확신하나요?

부부는 서로 다른 악몽을 가질 수 있으므로 더 많은 질문이 필요하다.

- 아내는 아내의 악몽 속에 살고, 당신은 당신의 악몽 속에서 살 때, 서로에 대해 무엇을 알아차리게 될까요?
- 이 악몽이 당신들이 함께 이루어 온 것을 어떻게 파괴하게 될까요?

이 악몽 시나리오는 다른 모든 질문이 효과적이지 못했을 때만 사용되며 희망이 없어 보이는 상황을 가지고 끝까지 작업하기 위한 최후의 시도이다. 사실상 내담자에게 실제로 그렇게 한다기보다는 마지막 바닥을 치는 것을 상상하도록 돕는다.

기적질문

목적: 기적질문 연습하기

때때로 상담자로서 당신은 정해진 시간에 각 기관에서 요구하는 양식을 완성하는 데 어려움이 있다는 것을 안다. 이러한 상황은 당신에게 불안을 유발하고, 특히 당신과 당신의 상사가 잦은 감사로 인한 압력하에 있을 때 더 그러하다. 오늘 밤 당신이 집에 가서 저녁을 먹고 휴식을 취한 뒤 늘 그래 왔듯이 잠자리에 드는 것을 상상해 보라. 밤 동안에 기적적인 무언가가 일어나서 양식을 완성하는 데 있었던 문제가 완벽하게 사라졌다. 그런데 당신은 자고 있었기 때문에 이런 일이 일어난 줄을 모른다.

- 아침에 출근했을 때, 제일 처음 무엇을 보면 기적이 일어났었다는 것을 알게 될까요?
- 당신의 동료들은 무엇이 달라진 것을 알게 될까요?
- 당신의 상사는 무엇이 달라진 것을 알게 될까요?
- 당신은 무엇을 다르게 할까요?

Top Tips

"복권에 당첨될 거예요." "직원들이 모두 바뀌었어요." "절대 힘을 갖게 되었어요."와 같은 비현실적인 답을 들으면 다음과 같이 질문한다.

- 그러면 **당신**은 무엇을 다르게 할 것인가요?
- 이 중에 어떤 것이 지금 일어날 수 있나요?

그러나 '비현실적'으로 보이는 많은 대답이 전혀 비현실적인 것은 아니다. 그런 비현실적인 대답들은 혹스, 마시와 윌고시(Hawkes, Marsh, & Wilgosh, 1998)가 자살 충동을 느끼거나 정신병이 있는 사람들의 '선택의 빈곤'이라고 묘사했던 것에서 나온 것이다. 즉, 해결책이 단 하나뿐이라고 생각하는 것이다. 혹스와 동료들은 라디오 전파가 자신을 괴롭히고 있다고 생각하는 내담자가 전파를 막기 위해 자신의 방을 은박지로 감싸려 하는 사례를 제시하였다. 이 사람은 평화와 조용함을 얻는 것을 목표로 가지고 있는데, 이러한 합리적 목표에 도달하는 것에는 또 다른 방법들이 있음을 제안할 수 있다. 그 방법들로는 헬멧 쓰기, 음악을 큰 소리로 연주하기, 약 복용하기, 소리를 무시하는 방법 배우기, 다른 사람과 이야기하기, 지인들과 함께 있기, 침실 옮기기 등이 있다.

> [비록] 방법이 종종 비논리적이고 기이하거나 혹은 미친 것처럼 보일지라도(은박지, 헬멧 쓰기), 목적은 주로 이해가 가능하고, 타당하며 분별 있는 것이다(평화와 조용함, 수면). 우리는 모

> 두 평화를 원하고 안전함을 느끼고 싶고, 다른 사람을 신뢰하는 등등을 원한다. 그렇지만 이러한 바람을 우리가 숨어 버리거나, 살바만 걸치거나 은박지로 방을 싸는 것으로 모두 이루지는 못한다. 내담자가 시도했던 해결책 너머에 있는 것을 보면, 그들이 원하는 목적은 종종 가장 중요하고 이해가 가능하며 분별 있는 것이다(Hawkes et al., 1999, p. 91).

문제를 진단받고 약을 처방받는 것에 익숙한 사람들은 기적질문에 대한 답을 모른다고 얘기하는 경향이 높다. 그래서 천천히 끈기 있게 진행하는 것이 중요하다.

상담 사례: 기적질문

상담자: 아침에 눈을 떴을 때 제일 먼저 무엇이 달라졌다는 것을 알아챌까요?

내담자: 모르겠어요…… [상담자가 끈기 있게 기다린다.]

내담자: 너무 이상한 것을 물으시네요!

상담자: 그렇지요. 맞아요…… [계속 기다린다.]

내담자: 제 생각에는 음식에 대해 생각하지 않으면서 잠을 깨요.

상담자: 네……

내담자: 다른 것은 생각할 수 없어요.

상담자: 알겠어요. 그러면…… 음식에 대해 생각하지 않으면, 무엇에 대해 생각할까요?

내담자: 지금은요, 정말 모르겠어요!

상담자: 그러면 또 다른 괴상한 질문! [웃음]

내담자: 흠. 그 대신 무엇을 할 것 같으냐구요? 그날 내가 무엇을 할지에 대해 생각할 것 같아요.

상담자: 일하는 날인가요? 아니면 주말인가요?

내담자: 당연히 주말이죠.

상담자: 그러면 당신이 침대에 있고, 주말이고…… 지금 막 눈을 떠서 생각합니다. 오늘 뭐할까?

내담자: 흠.

상담자: 어떤 느낌인가요?

내담자: 그렇게 가라앉거나 우울하지 않을 것 같아요.

상담자: 오, 좋아요. 그러면 어떤 느낌인가요?

내담자: 모르겠어요, 정말…… 행복하고…… 편안한 느낌.

상담자: 당신이 이 장면을 비디오로 보고 있다고 상상해 보세요. 자신이 무엇을 다르게 하고 있는 것을 보는지 내게 설명해 줄 수 있나요? 당신이 행복하고 편안하다는 것을 어떻게 보고 있나요?

내담자: 아마 침대에 파묻혀서, 얼굴에 웃음이 피어 있겠죠. 네. 그리고…… 그리고 아마도 제 생각에, 친구 중 한 명에게 전화를 걸고 해변으로 갈 거예요.

상담자: 좋은 생각이네요. 날씨가 맑은 날인가요?

내담자: 너무 맑은 날이지요! 네, 아주 사랑스럽게. 해변에서의 하루.

상담자: 네, 그다음엔 어떤 일이 벌어지나요? 침대 밖으로 뛰어나오나요? 아니면 침대에 좀 더 파묻혀 있나요?

내담자: 침대 밖으로 뛰어나올 거예요. [손으로 뛰어나오는 행동을 보

인다.]

상담자: 아주 깡충!

내담자: 네, 에너지로 충만해져서.

상담자: 그러고 나서 이 기적의 날에 무엇을 다르게 할까요?

내담자: 샤워를 해요.

상담자: 그것이 뭐가 다른 건가요?

내담자: 내 배를 꼬집거나 두드리고 있지 않을 거예요.

상담자: 그 대신에 무엇을 하나요?

내담자: 나는 샤워기 아래 몇 년 동안이라도 서 있을 수 있어요. 그리고……

상담자: 그리고…… 또 무엇을 하나요?

내담자: 전 정말로 내 몸이 좋아요. 거울로 보는 것을 견딜 수 있어요. 체중이 좀 줄었을 거예요.

상담자: 오! 그리고 그다음에는요?

내담자: 네, 그러고 나서 전 옷을 입고 아침을 먹을 거예요.

상담자: 옷을 좀 다른 것을 고르나요?

내담자: 네. 칙칙한 색이나 검은색 옷은 입지 않을 거예요.

상담자: 좋아요. 그 대신에 무엇을 고를 건가요?

내담자: 좀 밝은 색상의, 저의 강렬한 분홍 티셔츠요.

상담자: 아하! 당신의 머리색과 맞추어서! [내담자는 머리에 밝은 분홍색 줄을 메고 있다.]

내담자: [웃음] 네! 바로 그거예요!

상담자: 좋아요. 그러고 나서 당신은 아침을 먹는다고 했죠. 이 기적의 날에 무엇을 먹을 건가요?

내담자: 형편없는 것을 먹지는 않을 거예요.

상담자: 그럼 무엇을 먹을 거예요?

내담자: 음…… 시리얼이요.

상담자: 또 다른 것은요? 기적의 날이에요. 기억하죠? 아마도 특별한 음식으로?

내담자: 오, 맞아요! 나를 대접해서 아주 좋고 비싼 오렌지 주스와 과자를 거기에 담아서 먹을 거예요.

상담자: 내 입에 침이 고이네요!

내담자: 저두요! [웃음]

상담자와 내담자는 상세하게 기적의 날을 계속해서 탐색한다(Jacob, 2001, pp. 22-23).

'어떻게 그렇게 하였나요?'라는 질문에 '모르겠다'고 대답하는 내담자에게 유용한 질문

- 어리둥절한 얼굴로 바라보며 기다린다.
- 이것은 어려운 질문인데……
- 아마 당신은 알기도 하고, 혹은 모르기도 한 것 같은데요. 말하기가 어려우시죠…… 시간을 갖고 생각을 해 보세요. 급히 서두를 필요가 없어요.
- 추측해 보세요.
- 당신이 안다고 가정해 보세요. 그럼 뭐라고 답할까요?
- 아마도 제가 이 질문을 도움이 되는 방식으로 하지 못한 것 같

네요. 어떻게 질문하는 것이 더 좋을까요?

- 당신과 유사한 어려움을 갖고 있는 사람에게 당신은 어떤 조언을 할까요?
- (어린아이에게) 오, 알겠어요. 비밀이군요. 좋아요.
- 아마도 당신은 이 다음에 무슨 일이 발생할지 연구하기를 좋아하고, 그것을 어떻게 했는지 알아보기를 좋아하는 것 같아요.
- 좋아요. 그렇다면 [사랑하는 사람의 이름]은 그것에 대해 뭐라고 말할까요?

목표가 상충될 때의 기적질문

가족이나 집단 구성원 각각에게 종이와 펜을 나누어 준다. 기적질문에 대한 답을 종이에 적은 뒤 보이지 않게 가리라고 한다. 그다음 구성원 중 한 명에게 다른 사람이 어떤 답을 적었을지를 생각하게 하고, 모든 구성원이 돌아가면서 다른 사람이 무엇을 적었을지를 추측하도록 한다. 집단에 대한 당신의 이해에 근거하여 누가 어떤 답을 유추했는지를 선택하는데, 이때 누구도 그 과정에서 위협받지 않도록 한다. 그러고 나서 각 사람에게 그 추측이 맞았는지 아니면 틀렸는지를 물어본다. 차이를 확인하는 논의를 하면서 모두를 위한 첫 번째 목표를 무엇으로 할지 혹은 한 사람의 목표를 우선으로 할지를 집단이 결정하도록 이끈다.

Top Tips: 학습장애를 가진 내담자와 목표 설정하기

1. 사회적 이야기

내담자에 대해 이야기를 시작하는데, 문제가 그들에게 어떻게 영향을 주고 있는지 간단히 요약한 뒤, 그다음에 무슨 일이 벌어질지를 내담자에게 묻는다. 이야기가 그 문제를 다루는 데 실패할 방향으로 흘러가면, 내담자의 대답 끝에 덧붙여서 "그다음에 무슨 일이 벌어지나요?"라고 다시 묻는다. 이야기가 해결책의 방향으로 흘러가면 "어떻게 그렇게 했나요? 또 무엇이 있나요? 그것을 다시 할 수 있나요?"라고 묻는다. 내담자가 참조하여 가져가도록 이야기를 적어 두거나 그림으로 그려 둘 수 있다. 기억해야 할 것은 목표를 작게 쪼개서 쉽게 이해할 수 있는 것으로 만드는 것이다.

2. '할 수 있다' 공룡[2)]

이것은 24장의 친근한 괴물 카드로 구성되어 있는데, 특별히 안전에 대한 학습을 강화하기 위해 고안되었다. 예를 들면, '안 돼요라고 말할 수 있다/다른 사람들에게 말할 수 있다/도움을 요청할 수 있다/안전하게 있을 수 있다' 등이 있다.

3. Mr. Men 캐릭터들

이 활동은 인지적으로 제한이 있고 그림 그리는 실력이 별로 없는 사람들에게 유용하다. 왜냐하면 이것은 그리기 쉽고 한 번에 한 가지 행동만 하면 되기 때문이다. 첫 번째 그리는 Mr 혹은 Miss는 문제이다. 예를 들면, 까불이 군 혹은 성질머리 양이다. 그러고 나서 해결책에 해당하는 두 번째 그림을 그리게 한다. 예를 들면, 겸손 군 혹은 차분이 양이다. 그다음 이어지는 질문은 다음과 같다. "까불이 군이 당신을 어려움에 빠뜨리려고 노력했으나 실패했던 때에 대해 말해 주세요." "차분이 양이 나왔던 때에 대해 말해 주세요."

---

2) http://innovativeresources.org/resources/card-sets/can-do-dinosaurs/ 참조

극단적 비관주의자 혹은 명확한 목표의 결여시에 유용한 질문

- 당신이 더 이상 어떤 도움도 필요 없는 때를 어떻게 알게 될까요?
- 대부분의 문제에는 장점뿐 아니라 단점도 있지요. 단점을 제거함과 동시에 어떻게 장점을 계속 유지할 수 있나요?

목표 설정을 돕기 위한 유용한 질문

목표는 구체적이고 '행동적이며' 측정 가능하고, 무엇이 없는 것보다 무엇을 하는 것으로 구성되어야 한다.

- 당신은 어떤 사람이 되고 싶나요?
- 오늘 당장 당신이 목표를 수행한다면 자신이 무엇을 하는 것을 보게 될까요?
- 당신이 목표를 수행할 때 다른 사람들은 무엇이 달라진 것을 알아챌까요?
- 그 사람들이 당신에게 어떻게 다르게 반응할까요?
- 이것이 당신에게 도움이 될 것이라는 것을 어떻게 생각하나요?
- 목표를 수행할 첫 번째 기회는 언제일까요?
- 당신이 여기에 더 이상 올 필요가 없는 시점을 당신이 어떻게 알게 될까요?
- 당신이 여기에 더 이상 올 필요가 없다는 것을 내가 어떻게 알게 될까요?

Top Tips: 아동과 목표 설정하기

1. 백 투 더 퓨처

타임머신(인기 있는 TV 프로그램에서 하나를 선택한다.)에 아동이나 청소년을 당신과 함께하도록 초대한다. 그러고 나서 다음과 같이 말한다. "이 문을 열면 ○○(아동의 이름)은 몇 년 뒤 ○○의 집 밖에 있게 되는 거예요. [아동의 연령에 적절한 시간 범위를 선택하고, 중 · 고등학교가 시작되는 때와 같은 삶의 전환기와 연결한다.] 창문으로 들여다보면 집 안에 있는 ○○ 자신을 볼 수 있어요. 확실히 ○○은 세상에서 아무런 걱정이 없는 게 분명하네요. ○○의 삶에서 ○○이 만든 성공을 보세요." 그러고 나서 다음의 질문을 하며 이러한 삶의 자세한 묘사를 이끌어 낸다.

- 무엇을 하고 있나요?
- 어느 방에 있나요?
- 이 집은 어디에 있나요?
- 가구는 어떻게 생겼나요?
- 벽이나 다른 것들은 무슨 색인가요?
- ○○과 또 다른 사람이 함께 있나요?
- 그들은 무엇을 하고 있나요?
- 어떤 그림이나 사진이 있나요?
- ○○의 휴대전화에 누구의 전화번호가 있나요?
- 또 다른 것은요? 또 다른 것은요?

그러고 나서 다음과 같이 말한다. "○○은 ○○이 얼마나 잘 해냈는지를 보고 너무 놀라서 창문에 ○○의 코가 눌리도록 들여다보는데, 그 사람이 ○○을 보았어요. 그 사람이 ○○을 안으로 들어오라고 초대하고, ○○이 말해요. '어떻게 그것을 했어요?'" 그러고 나서 해결중심 대화를 계속 이어 나간다.

대부분의 아동은 이 질문에 즉각적으로 답을 할 수 있다. 왜냐하면 어느 정도 기간 동안 미래의 유능한 자아에 대해 계속 이야기해 왔기 때문이다. 이 질문에 답을 하기 어려워하는 아동에게는 그들의 미래의 나이 들고 현명한 자아에게 조언과 위로를 요청하도록 초대할 수 있다. 즉, "그렇군요. 아직 ○○가 나에게 얘기해 줄 수 없어서 그러는데, 이 어려운 시기를 어떻게 뚫고 나갈 수 있었는지 말해 줄 수 있나요?" 이러한 질문은 아동이 현재의 어려움을 겪는 동안 자신을 위로한 것이 무엇인지를 이해하게 한다. 이에 더하여 이 질문에서 '아직'이라는 단어를 첨가하였기 때문에 그 아동이 미래의 어떤 시점에서 이 질문에 대한 답을 할 수 있을 것이라는 것을 미리 가정하고 있는 것이다.

2. 만화 그리기

커다란 종이 한 장을 6개의 네모 칸으로 나눈 다음, 아동에게 첫 번째 네모 칸에는 문제를, 두 번째 칸에는 그들이 어떤 상태이고 싶은지를, 세 번째 칸에는 '힘이 강한 도우미(mighty helper)'를, 네 번째 칸에는 조금 되돌아간다면 어떤 모습인지를 그리고, 다섯 번째 칸에는 그 문제를 어떻게 다룰지, 여섯 번째 칸에는 성공을 어떻게 축하할지를 그리게 한다(Berg & Steiner, 2003).

Top Tips: 성인 대상 1

나이 든 현명한 자아에게 자문 구하기

내담자에게 이따금 만나는 친구 한 명을 선택하여 그에게 미래에서 온 편지 한 통을 쓰도록 요청한다. 이 편지는 "당신은 내 문제가 사라졌고 그래서 내가 행복하다는 소식을 듣게 되어 기쁠 것입니다. 나는……"과 같이 시작한다. 내담자에게 앞의 '백 투 더 퓨처'에서 나열했던 것과 똑같은 질문을 한다. 그러고 난 후 내담자에게 편지의 수취인이 내담자가 어떻게 그것을 해냈는지 알고 싶어 할 것이라고 제안한다. 그래서 내담자가 상세한 해결책을 덧붙일 수 있게 된다.

기적질문

임시 숙소 지원을 받아 수용시설에서 살고 있는 17세 소녀 일레인(Elaine)은 어린 시절 정서적 학대와 신체적 학대로 인한 자해 행동과 우울증이 있어 도움을 받기 위해 사회복지사로부터 의뢰되었다. 일레인은 사회적으로 고립된 자신의 임시 숙소가 만족스럽지 않았고, 자신의 사회복지사가 도움이 되지 않는다는 것을 알게 되었다. 또한 일레인은 가족이나 친구가 한 명도 없고, 취미도 없고, 자신의 미래에 대해 아무런 관심도 없으며, 어떠한 동기도 없고, 과체중이며, 술을 마시며, 빚이 있었다. 일레인에게 있어 삶은 너무 힘들었기 때문에 아주 간단한 목표조차 만들어 낼 수 없었다. 그래서 일레인에게 '미래에서 온 편지'의 수정 버전으로 마음 속에 간직해 온 꿈에 대해 물었다.

자신이 원하는 꿈이 현실이 된다면 일레인은 정확하게 무엇을 하고 있을지에 대해 대답하게 하였다. 일레인의 생각에는 이러한 말들이 오히려 어리석어 보였지만 대답하기 시작하였다. 여러 질문을 하여 생각을 도왔고, 자신의 꿈을 즐기도록 하였다. 일레인은 자신의 꿈이 이루어지면 수영장 옆에 앉아서 민트 줄렙(mint julep)[3]을 먹고 있을 것이라고 하였다. 수영장은 그레이스랜드 지역에 있을 것이고, 그녀는 엘비스 프레슬리 팬클럽의 총무로 일하고 있을 것이다. 방문객들이 찾아왔을 때 그녀가 무엇을 할지에 대해 많은 부분 상세하게 이야기를 하더니, 갑자기 말하기를 그치고 "이건 시간 낭비예요. 이런 일은 일어나지 않을 거예요."라고 말하였다. 상담자는 그녀에게 그녀가 어떤 시도도 하지 않으면 그 꿈은 일어나지 않을 것이라고 제안하면서, "이 꿈을 이루어지게 하는 첫 번째 작은 단계는 무엇일까요?"라고 질문하였다. 그녀는 그 꿈이 너무 커서 시작점이 없다고 말하였다. 그래서 그녀에게 엘비스 프레슬리 팬클럽의 총무가 되기 위해 필요한 기술이 무엇인지 물었다.

일레인은 자신의 꿈을 이루는 것에 유용한 몇 가지 기술을 자신이 이미 갖고 있음을 발견하였다. 그녀는 영어 시험 O 레벨을 재시험을 봐서 이전보다 조금 더 좋은 점수를 받았고, 엘비스 프레슬리의 음악을 잘 알고 있으며, 잡지 기고 글을 읽으면서 엘비스의 생애에 대해서 연구해 왔다. 일레인은 자신이 해야 할 필요가 있는 첫 번째 작은 단계는 워드 프로세스 과정에 대해 알아보는 것으로 결정하였다. 그래서 팬클럽의 총무가 되었을 때 메일을 잘 다룰 수 있게 되는 것이다(보다 자세한 사항은 Milner, 2001, pp. 34-35 참조).

---

3) 역자 주: 줄렙은 술이나 약이 든 시럽 같은 것이다. 민트 줄렙은 위스키를 베이스로 하여 민트 향이 나는 칵테일이다.

Top Tips: 성인 대상 2

다리

커다란 종이 한 장에 다리를 그리는데, 종이의 한쪽 끝에는 문제를 그리고 다른 한쪽 끝에는 해결책을 그리게 한다. 그러고 나서 문제에서 해결책으로 어떻게 갈 것인지(즉, 한번에 급강하하기, 아주 작은 계단으로 가기), 해결책으로 가는 동안 맞닥뜨릴 장애물은 무엇인지, 다리를 안전하게 건너갈 수 있도록 도움을 줄 사람에 대해 토론한다.

Top Tips: 성인 대상 3

과거에서부터 미래로

치매가 있는 사람과 인생 이야기 작업을 하는 것은 자신의 소망을 표현할 수 없는 사람들과 목표를 설정하는 것만큼 중요한 일이다. 내담자의 호불호와 생애사에 대한 정보를 모으는 데 걸리는 시간은 일반적으로 목표를 계획하는 것을 도울 것이다.

상담 사례: 목표 설정

존(John)은 노인시설에 거주하고 있다. 직원은 존이 식당에서 사람들에게 지장을 주며 의자에서 계속 미끄러 떨어진다고 말한다. 존은 자기 음식을 밀어내서 종종 먹여 주어야 한다. 그는 지속적으로 호출을 하고 식당에서 다른 거주자들을 성가시게 한다. 가끔 밥 먹기를 거부해서 체중이 줄고 있다.

존의 아들과 면담을 해서 다음과 같은 정보를 얻었다. 운전은 존의 직업 생활에서 큰 부분을 차지하고 있었는데, 운전면허증이 취소된다는 편지를 받은 날 존은 엄청 화가 났다. 존은 아들에게 전화를 했고, 아들이 집으로 건너왔을 때 존이 뇌졸중으로 마루에 쓰러져 고통스러워하고 있는 것을 발견하였다. 존은 병원에 입원한 후 집으로 퇴원하려고 노력하였지만, 이동성 문제로 어렵다는 것이 확인되었다. 그는 보행보조기를 사용하였으나 여러 번 작은 뇌졸중을 경험하였다.

그의 아들은 존이 의지와 결의가 아주 강하고 축구를 사랑하는, 매우 사랑이 많고 양육적인 사람이라고 하였다. 존은 사회적으로 어울려 지내는 사람이 아니고, 많은 사람 무리에 있는 것을 좋아하지 않는다. 존은 술을 많이 마시는 사람은 아니었고, 만약 술집에 가야 하면 대체로 어느 한 사람과 함께 가서 구석에 앉아 있었을 것이다. 존은 두세 사람과 함께 있는 것을 즐겼으며 자기 주변에서 일어나는 일에 대해 듣기를 좋아하곤 하였다.

존은 요리되어 있는 아침 식사를 좋아한다. 아침 식사를 그날 중 아무 때나 먹을 텐데, 베이컨의 껍질을 벗겨 내어 작게 자르는 데에 도움이 필요하다. 그는 닭고기를 전혀 좋아하지 않고 카레나 국물 음식도 좋아하지 않으나, 얇게 저며진 소고기와 햄은 좋아한다. 콘 비프 샌드위치를 좋아하며 종종 콘 비프 한 조각과 으깬 감자, 달걀프라이를 먹을지도 모른다. 지난 몇 년간 너무 단것을 좋아하게 되어 차(tea)에도 두세 개의 각설탕을 넣기를 좋아한다. 또한 모든 식사에 케첩을 뿌려 먹기를 좋아한다. 이전에는 푸딩을 전혀 먹지 않았을 것이다.

(Baker, 2015, p. 68)

목표 설정하기

목적: 인생 이야기 도구를 사용하여 목표를 계획하기

1. 앞에 제시된 사례에서 존에 대한 당신의 관심과 목표를 나열하시오.
2. 앞에 제시된 정보를 사용하여 이러한 어려움이 있는 존을 도울 수 있는 직원들의 목표를 만드시오.
3. 이러한 것에 초점을 맞춘 돌봄 계획을 준비하시오.

(인생 이야기 작업을 사용한 두 가지 돌봄 계획의 예를 위해 Baker, 2015, pp. 68-72 참조)

측정 과정과 안전성

기적질문을 하고 나서 답을 탐색한 뒤, 드세이저(1994)는 다음과 같은 척도질문을 추후질문으로 하곤 하였다. 즉, "우리가 0에서부터 10까지의 척도를 가지고 있다고 가정해 봅시다. 0은 당신이 처음에 우리에게 연락했을 때 당시의 상황이고, 10은 기적이 일어난 다음날입니다. 그렇다면 오늘 당신은 얼마나 10에 근접해 있나요?" 이러한 질문은 해결중심 이론가들이 다른 방식으로는 명확히 표현하기 어려운 것을 정확한 방법으로 표현하도록 돕기 위해 개발하였다. 예를 들면, 우리가 0에서부터 100까지의 척도가 있다고 가정해 보자. 0은 구덩이 같은 함정이고 100은 모든 것이 좋은 것일 때, 오늘 당신은 그 척도상에서 어디에 있는가? 척도는 모든 숫자가 해결책 쪽에 있는 방식으로 설정된다(de Shazer, 1994, p. 104). 그러나 그 숫자가 의미하는 것이 무엇인지를 확신하기는 불가능하다. 이는 질문을 한 사람에게조차도 그러하다. 그들과 우리는 50이 40보다 낫고 60보다는 덜 좋다는 것을 안다. 따라서 내담자의 대답은 진전을 평가하는 방법이 된다. 그러나 보다 더 중요한 것은 척도질문과 그에 대한 대답이 모호한 것을 구체화하도록 돕는다는 점이다. 척도는 개인이 원하는 만큼 변형시킬 수 있다. 예를 들면, 100은 내담자와 상담을 마칠 때 원하는 상태를 나타낼 수 있다. 혹은 그 사람이 만족할 만한 것 등등으로 나타낼 수 있다. 이와 유사하게 척도질문을 목표 설정에 사용할 수 있다.

문제와 목표에 대한 원래의 척도질문에 이은 확장 질문

- 0에서 10까지의 척도에서 몇 점이 되면 만족할까요?
- 그 척도에서 1점이 올라간다면 당신은 무엇을 좀 다르게 하고 있을까요?
- [의뢰인의 이름]은 당신이 그 척도에서 몇 점에 있다고 할까요?
- 그 사람에게 당신이 그 척도에서 더 높은 점수에 있다고 말하려면 무엇을 좀 다르게 해야 할까요?
- 0에서 10까지의 척도에서 0은 괴롭지 않은 것이고 10은 그 문제에 대해 어떤 것이라도 할 수 있는 상태라고 가정해 봅시다. 오늘 당신은 몇 점인가요?
- 0에서 10까지의 척도에서 0은 성공에 대한 확신이 거의 없는 것이고 10은 충분히 확신하고 있는 것이라면, 오늘은 몇 점인가요? (두 질문 모두에서 여기에서 한 단계 더 올라간다면 그 사람이 무엇을 다르게 하고 있을 것인지를 추적한다.)
- 10은 당신이 원하는 것과 해야 하는 것을 아는 것이고 0은 그 반대라면, 당신은 이 척도의 어디에 있나요?

마지막 세 질문은 문제 해결에 대한 동기와 확신 혹은 능력에 대해 작업할 필요가 있는지를 결정하는 데 도움이 된다. 예를 들어, 약물 오남용자는 자신이 정확히 무엇을 할 필요가 있는지 알고자 할 가능성이 높다. 왜냐하면 그들은 지금까지 훈계를 적잖이 들어왔을 가능성이 높기 때문이다. 그래서 어쩌면 문제를 해결하기 위한 그들의 결정이나 그들이 할 수 있다는 확신을 증가시키는 작업을 필요로 할 가능성이 높다. 이러한 척도 중 어떤 것에라도 낮은 점수를 주었다면, “1점이 높아지면 무엇을 다르게 하고 있을까요?”라는 추후질문을 할 수 있을 것이다. 셰넌(Shennan, 2014)은 낮은 점수를 준 내담자와 점수를 올리기 위해 논쟁하려는 마음을 주의하라고 하였다. 만약 내담자가 0이나 1에 있다고 말하면, 이것을 인정하고 탐색한다. 예를 들어, “어떻게 0이 아니고 1인가요? 0이 아니라 1이어서 무엇이 다른가요?”라고 묻는다. 십대 청소년과 심하게 우울한 내담자는 좀 더 긴 척도를 필요로 한다. 십대 청소년은 종종 그들이 바라는 마지막 점수가 1,000점이기를 좋아하고, 우울한 내담자는 낮은 점수의 끝을 더 낮추는 일이 드물지 않다. 아주 쉽게 마이너스 점수로 이동할 수 있지만 그것은 문제가 되지 않는다.

척도질문은 안전에 관한 주제의 상황에서 매우 유용하다. 예를 들어, 아동보호 사례에서 당신은 다음과 같이 물어볼 수 있다. “0은 최악의 엄마이고 100은 완벽한 엄마일 때, 당신은 자신의 엄마 역할에 대해 몇 점을 주시겠습니까?” 이때 자신을 100점이라고 평가하는 내담자는 거의 없다. 그래서 대답한 그 점수는 항상 그들이 어떻게 그 점수에 도달하게 되었는지 그리고 더 높은 점수로 이동할 수 있는지에 대해 말할 수 있는 여지를 상담자에게 제공할 것이다. 그리고 아동보호 사업에서 혹은 비행이나 가정폭력과 같은 안전성의 상황에서, 다른 사람이 그들의 상황에 대해 몇 점을 줄 수 있을 것인지를 묻는 것은 중요하다. “당신은 [상처받은 사람의 이름]의 안전성을 9점이라고 평가하였습니다. 그들은 자신의 안전성을 몇 점으로 평가할 것이라 생각하나요?” 혹은 “사회복지사나 선생님 등은 이 척도에서 당신을 몇 점으로 평가할 것이라 생각하나요?” 그러고 나서 “당신이 말한 만큼 당신이 안전하다는 것을 그 사람이 확신하도록 무엇을 다르게 할 필요가 있나요?"와 같이 질문할 수 있다.

상담 사례: 안전성 이해하기

앨런(Alan)은 법으로 자기 집에 구금되기 전 며칠 동안 심리적으로 불안하였다. 그는 구급차로 이송되는 것을 거부하였고 경찰이 수갑을 채워 보안 구역으로 보냈다. 다음에 제시된 축어록은 보안 구역에서 이루어진 두 번째 면담 내용이다.

상담자: 자, 여기에 0에서부터 10까지의 척도가 있는데, 10은 당신이 병원에서 나와서 모든 것이 잘 되어 가고 있는 것이고, 0은 이전처럼 모든 것이 나쁜 것이라고 생각해 봅시다. 그렇다면 바로 지금 당신은 이 척도에서 어디에 있나요?

앨런: 0이요.

상담자: 0점에 있을 때 어떻게 그것을 잘 유지해 갈 수 있었나요?

앨런: 자는 게 좀 도움이 되었어요.

상담자: 아, 자는 게 당신에게는 정말 중요하군요. 만약 그 척도에서 0.5점 정도 올라간다면 당신에게 무엇이 다를까요?

앨런: 사람들을 때리고 싶지 않을 거예요.

상담자: 누구를 때리고 싶었는데요?

앨런: 이웃과 그 경찰이요. 그 사람은 내게 수갑을 채울 권리가 없는 사람이었다구요.

상담자: 그런데 경찰은 어떻게 거기에 있었던 건가요?

앨런: 제가 그 구급 대원에게 우리 집으로 들어오려 한다면 칼로 베어 버리겠다고 말했어요.

상담자: 그럼 그 이전에 다른 사람 누구라도 칼로 벤 적이 있었나요? 아니면 때린 적은?

앨런: 아니요. 하지만 제가 그렇게 했어야 했어요.

상담자: 어떻게 그렇게 하지 않았나요?

앨런: 그들이 제가 부엌에 가서 칼을 가져오기도 전에 안으로 들어왔어요.

상담자: 아직도 누군가를 베려고 칼을 가져와야겠다는 생각을 하나요?

앨런: 가끔 그런 생각을 해요.

상담자: 그런 생각을 하면서도 실행하지 않기 위해 당신은 어떻게 조절했나요?

앨런: 내가 누군가를 칼로 벤다면 그들이 다시 병원에 집어넣을 것이라고 스스로 생각했어요. 내가 자는 동안 이웃들이 그렇게 할지도 몰라요.

상담자: 당신이 칼로 베고 싶은 특정한 사람이 있나요? 이웃이나 다른 사람?

앨런: 그 경찰을 때리고 싶었어요.

상담자: 이 병원에서 누군가를 때리거나 칼로 베고 싶다는 생각을 했었나요?

앨런: 아니요.

상담자: 누군가를 베고 싶거나 때리고 싶다고 생각하는 것을 우리가 어떻게 알 수 있나요?

앨런: 잘 모르겠어요.

상담자: 그런 생각이 든다면 우리에게 말해 주겠어요?

앨런: [대답 없음]

상담자: 그런 생각이 들었을 때 우리가 무엇을 하는 것이 도움이 될까요?

앨런: 그냥 저를 제 방에 있도록 해 주세요. 여기 있는 다른 사람들은 다 이상한 사람들이에요.

상담자: 당신이 방에 있을 필요가 있을 때 우리에게 말해 주겠어요?

앨런: 네.

상담자: 좋아요. 그럼, 우리가 확실하지 않다면 당신에게 물어볼게요. 내가 추측하기에 누군가를 때리거나 칼로 베는 것은 당신이 병원에서 빨리 나오도록 하는 데 별로 도움이 안 될 것 같네요.

앨런: [끄덕거린다.]

상담자: 오늘 또 다른 말할 것이 있나요?

앨런: 아니요. 지금까지 말하느라 피곤하네요.

(Macdonald, 2011, p. 164)

Top Tips: 아동에게 하는 척도질문

1. 사다리

너무 어려서 숫자를 이해하기 어려운 아동에게는 진전을 표시하는 사다리나 계단을 그린다. 척도의 한쪽 끝에 그려진 슬프거나 심술 난 얼굴 표정을 좋아하지 않는 아동에게는 얼굴 표정이 효과적이지 않다.

2. 달력

별자리표보다 간단한 달력 모양을 만들어 아동에게 스티커와 함께 나누어 주고, 목표에 맞는 행동을 했을 때 그 각각의 날에 스티커를 붙이도록 한다.

걸음 척도

목적: 경험을 통해 척도를 삶으로 가져오기, 주된 특성 강조하기

모두에게 최근에 참여했거나 더 잘하고 싶은 스포츠나 취미활동에 대해 생각해 보도록 한다. 방에 1에서부터 10까지의 척도를 세팅한다. 1은 당신에게 일어날 수 있다고 상상할 수 있는 최악의 상태에 늘 빠져 있는 것이고, 10은 당신이 개인적으로 최고인 상태를 지속적으로 수행하고 있는 것을 말한다. 척도상에서 적절한 곳에 가서 서도록 한다. 당신과 가장 가까운 곳에 있는 사람과 다음의 사항에 대해 토론한다.

- 어떻게 이 점수에 이르게 되었나요?
- 10이 무엇을 의미하나요?
- 몇 점에 있고 싶은가요?
- 이 점수에 이르기 위해 무엇을 할 필요가 있나요?
- 어떤 도움이 필요한가요?
- 누가 당신을 도울 수 있는 가장 좋은 위치에 있나요?

추가 척도질문

목적: 척도질문을 하는 연습 기회 제공하기

- 가장 최근에 한 상담을 떠올려 보세요.
- 0에서 10까지의 척도에서 0은 당신이 했던 상담 중에 최악의 것이고 10은 최상의 것이라면, 최근의 상담은 몇 점인가요?
- 만약 지금보다 1점 더 올라가면 당신은 무엇을 다르게 하고 있을까요?
- 내담자는 당신이 점수가 올라갔다는 것을 어떻게 알 수 있을까요?
- 슈퍼바이저는 당신이 점수가 올라갔다는 것을 어떻게 알 수 있을까요?
- 다음에 점수가 올라가기 위해 무엇을 다르게 하고 있을까요?

추가를 더한 추가 척도질문

목적: 척도질문을 하는 연습 기회 제공하기

- 전문가인 사람, 즉 상담자가 당신에게 자신의 일을 잘하고 있다는 것을 말할 수 있는 목록을 만드세요.
- 이 목록에 대해 전혀 아니다, 가끔 그렇다, 대부분 그렇다 혹은 항상 그렇다로 스스로 점수를 매기세요.
- 가끔 그렇게 한다는 항목에 대해 생각해 보세요.
- 이러한 것들을 언제 하나요?
- 이러한 것들을 할 때 어떤 일이 벌어졌나요?
- 이러한 것들을 가장 최근에 언제 했나요?
- 이러한 것들을 어떻게 하면 더 많이 하게 되어 내일은 대부분 그렇다고 하게 될까요?

프로젝트 척도질문

목적: 척도질문 연습하기, 척도 직접 경험하기, 해결책의 세부사항 질문을 연습하기

최근 당신이 프로젝트로 하고 있는 일 중에서 당신이 원하는 만큼의 진전을 보이지 않는 것을 하나 고르시오. 예를 들어, 금연, 체중 줄이기, 정원 가꾸기, 집안 정돈 혹은 학과목 통과하기 등일 수 있다. 정서적으로 많은 에너지가 들어간 일을 고르는 것이 중요하다. 둘씩 짝을 지어, 자신이 계획한 일에 대한 측정치를 만들어 서로에게 다음의 사항을 알아보기 위한 상담을 실시한다.

- 척도상에서 어디에 있나요?
- 그 점수에 이르기 위해 당신은 무엇을 했나요?
- 당신은 시간의 틀 안에서 척도의 어디에 있기를 원하나요?
- 작은 폭으로 혹은 큰 폭으로 진전이 있기를 원하나요?
- 당신이 원하는 목표를 향해 지금 당장 할 수 있는 가장 작은 단계는 무엇일까요?
- 이것을 할 가능성은 얼마인가요?
- 이 작은 단계를 했을 때 사람들이 당신에게서 어떤 다른 것을 보게 될까요?
- 당신에게 무엇이 좀 달라질까요?

상담 사례: 해결책을 만들기 위해 척도질문 사용하기

간호사: 안녕, 샘(Sam). 나 기억하죠, 제인이에요. 어제 계획되어 있는 수술에 대해 이야기해 주어 고마웠어요. 많은 이야기를 했죠. 샘은 어제 실제 진행되는 과정뿐 아니라 수술에 수반된 위험 요소에 대해서도 잘 이해하고 있음을 보여 주었어요. 그리고 우린 어제 샘이 수술에 대해 가진 불안한 감정에 대해서도 이야기했지요. 우리가 어제 얘기했던 것처럼 오늘은 샘의 상황을 보다 더 잘 알기 위해 시간을 보낼 거예요. 다시 말해서, 샘이 걱정하고 있는 것뿐 아니라 저랑 상담을 하면서 샘의 목표가 무엇인지 등에 대해서요. 어떻게 생각해요?

샘: 좋은데요. 무엇을 알고 싶으세요?

간호사: 글쎄요. 제가 모르는 게 너무 많아서요. 제가 샘에 대해 전문가는 아니고, 샘이 샘 자신에 대한 전문가죠. 그렇지만 지금 우리의 관계와 상황에서 시작하는 것이 좋은 시발점이라고 생각해요. 샘, 만약 샘이 나중에 이 상담이 도움이 되었다고 말하려면 지금 이 상담에서 어떤 결과가 나와야 할지 내게 말해 주겠어요?

샘: 잘 모르겠어요. 글쎄, 덜 불안하고 이런 신경에 거슬리는 일들을 잘 다스리고 있다고 느끼는 거? 잘 모르겠어요. 이것을 내가 잘 이겨 내고 있다고 더 확신하는 거?

간호사: 알았어요. 샘은 이 신경에 거슬리는 것을 잘 조절하고 있다고 느끼기를 원하는 것처럼 들려요. 신경에 거슬리는 것을 좀 더 세밀하게 들여다보도록 하죠. 1부터 10까지 있는 척도에서, 10은 최악이고 1은 최소일 때, 지금 신경에 거슬리는 것을 몇 점 주시

겠어요?

샘: 6점이요.

간호사: 그럼 같은 척도에서 몇 점이 되고 싶으세요? 그래서 이제 평온하고 괜찮다고 느끼도록.

샘: 4점 정도가 좋아 보여요.

간호사: 4점이면 좋으시군요. 그러면 5점일 때 어떻게 느낄까요?

샘: 오늘 상담을 마칠때 쯤 5점이라 느끼게 된다면 정말 대단히 좋은 시작일 것 같아요.

간호사: 네, 저도 그럴 것이라 생각이 되네요. 그럼 신경에 거슬리는 것에 대해 좀 더 말해 볼까요? 샘, 언제 신경에 거슬리는 것들이 좀 더 명확한가요?

샘: 잘 모르겠어요. 항상 그렇거든요.

간호사: 네. 그러면 당신의 아내에게 그 질문을 했다고 가정해 봅시다. 아내는 뭐라고 답할까요?

샘: 그건 쉬워요. 아마 아내는 내가 항상 책임을 지고 있는 것에서 빠져나오는 어떤 상황이 일어날 때마다 그렇다고 말할 거예요. 아내는 내가 조절할 수 없는 어떤 것이 발생할 때 내가 그것을 정말 싫어한다고 말해요.

간호사: 네, 그것 참 흥미롭군요. 그렇다면 지금 당신의 아내가 당신이 평온할 때 어떠한지를 무엇이라 말할까 궁금하네요. 샘의 신경에 거슬리는 것이 명확하지 않을 때를 아내가 생각해 낼 거라고 생각하나요?

샘: 아마 아내는 제가 공휴일 같은 때, 해먹에 누워 추리소설을 읽을 때 평온하다고 말할 거예요. 사실 그런 때가 내가 아주 괜찮은 때

거든요.

간호사: 그렇군요. 오늘 밤에 기적이 일어나 신경에 거슬리는 것들이 사라졌다고 가정해 봅시다. 당신은 무엇을 하고 어떻게 느끼고 있을까요? 제게 설명해 줄 수 있나요?

샘: 내가 냉철하고 평온하게, 생각이 정리되어, 제대로 된 일을 하고 있다는 것을 알고, 의사선생님의 수술 실력을 많이 인정하면서 수술하러 들어갈 수 있겠지요.

간호사: 아마도 당신이 해먹에 누워 있을 때 얻을 수 있는 냉철함과 평온함을 사용하여 현재 이 상황에 그것을 적용하려고 노력한다면 신경에 거슬리는 것들이 덜 두드러지겠지요. 어떻게 생각하세요?

샘: 글쎄요. 노력은 해 보겠지만…….

(McAlistair, 2007, pp. 141-142)

신뢰감 측정하기

목적: 척도질문 연습하기

- 0에서 10까지의 신뢰감 척도에서 0은 전혀 신뢰감이 없는 것이고 10은 완전히 있는 것일 때, 해결중심접근을 사용하는 것에 대한 당신의 신뢰감은 어떠한가요?
- 1점 더 높은 점수로 평가한다면 당신은 무엇을 다르게 하고 있을 것 같은가요?
- 어떻게 이것에 도달할 수 있었나요?
- 이런 일이 발생하도록 무엇을 했나요?
- 이런 일이 발생하도록 도울 수 있는 자질로는 무엇이 있나요?

개별 내담자에게 적합한 척도질문 만들기

목적: 창의적인 질문을 개발하는 것을 연습하기

현재 상담하고 있는 내담자를 생각하면서 그 내담자에게 적합한 일련의 척도질문을 만들어 보시오.

6. 상담에 대한 평가

단지 효과적인 것을 더 많이 하는 것으로 결정이 나면 흔히 두 번째 회기는 필요 없게 된다. 그러나 사람들은 보통 자신의 성공에 대해 알리고 싶어 하고, 때로 성공은 말하기를 통해 강화할 필요가 있다. 가끔 사소한 조정이 필요하나 일반적으로는 일정 수의 회기를 할 필요는 없다. 아주 단순하게 말하자면, 보통은 단기이지만 개입에는 필요한 만큼 시간이 걸린다. 내담자들은 자신이 문제를 빠르게 해결한 것에 놀랄 수 있다. 그러나 상담을 계속하는 것이 필요한지는 문제가 해결되었다는 것을 어떻게 알 수 있을지, 그들이 무엇을 다르게 할 것인지, 다른 사람들이 무엇을 알아차릴 것인지를 내담자에게 질문함으로써 분명해진다.

당신은 또한 매주 내담자를 만날 필요가 없다. 내담자에게 부담스러울 수 있기 때문이다. 그들은 좀 더 간격을 두고 고통스러운 경험에 대해 이야기하고 싶어 할지도 모른다. 혹은 그들의 진전은 아주 고르지 못할 수 있다. 어떠한 진전도 알리지 못하는 일은 내담자를 낙담하게 만든다. 두 번째 회기가 명백히 필요하다면, 우리는 자신들이 결정한 과제를 하는 데 얼마나 걸릴 것으로 생각하는지 협의하고 이에 맞추어 다음 상담 일정을 잡는다. 한 회기의 상담이 반드시 1시간이 걸릴 필요는 없으며, 훨씬 짧을 수도 있다. 덧붙일 것은, 필요하다면 약속은 앞당길 수도 있고 연기할 수도 있다는 점이다. 세심하게 회기 간 간격을 두는 것은 전체적으로 필요한 회기 수를 감소시키는 것으로 나타난다. 예를 들어, 여러 문제가 있고 다양한 목표를 세운 어떤 여성이 '기적이 일어나는 날'이 시작되려면 한 달이 걸릴 것이라고 생각했다. 그녀는 상담 약속을 한 달 더 연기하기 위해 전화를 걸었고, 그다음에 목표를 모두 성공적으로 완수하기에 이르렀다. 해당 상담에서는 그녀가 어떻게 그렇게 했는지에 대해 이야기했고 상당한 성공을 드러낸 그녀의 개인적 자질을 강조하였다.

이러한 첫 회기의 평가 단계에서 또한 중요한 것은 상담이 얼마나 유용했는지, 무엇을 기대했으며 무엇이 좀 더 유용할 것인지를 평가하는 것이다. 이러한 질문을 받으면 사람들은 예외 없이 겸손하게 대답하므로 우리 편에서 현 상태에 안주하지 않고 확인을 한다. 예를 들어, 조금 도움이 되었다고 말하면, 우리는 "원 저런, 충분하지 않군요. 제가 좀 더 도움이 되려면 무엇을 다르게 했어야 할까요?" 라고 덧붙인다. 또한 기록은 수정될 수 있으며, 어떤 생각도 덧붙일 수 있고, 내담자의 문제와 해결책에 관한 우리의 생각을 분명히 하며 부정확한 것은 수정할 수 있다는 점을 솔직히 말한다. 이를 상담 기록에 동반되는 첨부 편지에도 덧붙인다. 우리가 알기로는 젊은 사람들이 수정을 요청할 가능성이 크다. 보통은 세부사항에 대한 간단한 수정이며, 때로 문화적 현실이 달라서 완전히 이해하기 어려워하는 사람들이 수정을 요청한다. 예를 들어, 인디라(Indira)는 복잡한 지참금 처리에 대해 요약한 기록에 대해서는 수많은 세부 수정을 요청했으나 이들에 대한 감정적 반응에 관한 코멘트에는 수정을 요청하지 않았다. 우리는 항상 다음번 상담에서 내담자가 보는 가운데 이와 같이 수정을 하고 개정된 기록을 보낸다. 이러한 방식으로 우리는 다른 사람의 삶에서 전문가가 아니며, 새로운 삶의 이야기를 공동 저술하는 데 영향력 있는 일부분, 그 이상이 아니기를 희망한다.

평가질문

- 이 대화가 당신에게 어땠나요?
- 이것에 대해 계속해서 이야기를 나눌까요, 아니면 좀 더 관심 있는 것이 있나요?
- 이것에 관심이 있나요? 이것이 우리가 이야기하면서 시간을 보내야 할 것인가요?
- 당신은 이에 관해 내가 좀 더 물어보는 것에 대해 더 많은 관심이 있는지 아니면 우리가 ……에 초점을 두어야 할지 궁금해요.
- 당신이 바랐던 질문 중에 내가 하지 않은 질문은 무엇인가요?
- 1~10의 척도에서 1은 이번 상담이 전혀 도움이 되지 않은 것이고, 10은 더 이상 좋을 수 없는 상태라면, 이번 상담 회기는 몇 점이라고 생각하나요?
- 당신이 상담 회기에 대해 1점 더 높은 점수를 주려면, 내가 무엇을 다르게 해야 했을까요?
- 당신이 이번 상담 회기에 1점 더 높은 점수를 주려면, 당신이 무엇을 다르게 해야 했을까요?

진전이 느릴 때 목표를 암시하는 회기 과제

- 날마다 자신에게 좋은 작은 일 하나를 하세요. 어떤 차이를 만

드는지에 대해 다음 상담에서 이야기 나누려고 해요.

- 날마다 당신이 자신에게 또 다른 좋은 것을 하는지 주목하시고, 그에 관해 함께 대화할 수 있어요.
- 우리가 함께 이야기 나눌 수 있을 좋은 선택에 계속 주의를 기울이세요.
- 당신은 아직 문제를 물리칠 수 없으므로, 그것이 커지는 것을 막거나 그것을 대기하도록 만들어 자신이 조금이나마 통제할 수 있기 위해서 무엇을 할 수 있나요? 작은 발걸음을 시작하세요.
- 당신에게 미래가 있으며 변화를 알아챈다고 가정한다면, 우리는 그것에 대해 대화할 수 있어요. 당신이 지금 하고 있는 것 대신에 무엇을 할 것인지를 주목하세요.
- 자신에게 친절한 무엇인가를 하고 문제에 대해 가혹하게 다루세요. 그다음 당신이 무엇을 하게 될 것인지 또는 무엇을 다르게 느낄 것인지 주목하세요.
- 문제는 우리를 통제하려고 시도하므로 자신의 생각에 약간의 통제를 함으로써 문제를 혼란스럽게 만드세요. 문제와 문제의 거짓말에 대해 꿋꿋이 견딜 수 있게 도울 수 있도록 자신에게 어떤 말을 할지 생각하세요. 저는 당신이 어떤 생각을 할지에 관심이 있어요.

다음 번 상담 회기들에서 "무엇이 나아졌습니까?"를 제외하고는 첫 번째 상담과 동일한 형식을 따른다. 어떻게 향상되었는지를 탐색하고 필요하다면 목표를 수정한다. 그리고 이러한 변화가 충분히 괜찮은 것인지 묻는다.

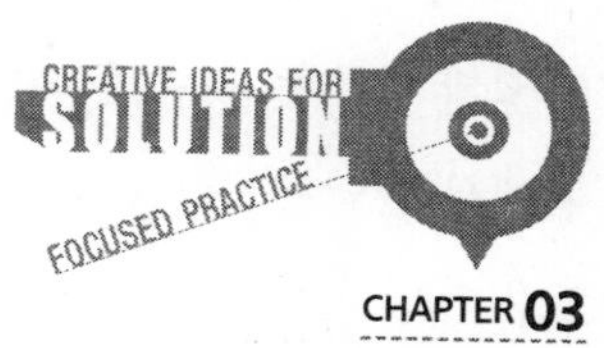

CHAPTER 03

구체적 상황들

이제는 해결중심 질문들이 어떤 상황에서도 사용할 수 있도록 개발된 것임을 분명하게 알게 되었을 것이다. 그러나 해결중심상담을 처음 접하는 상담자들은 관련된 질문이 충분하지 않아서 걱정이 된다고 말한다. 내담자가 한 말에 적합한 다음 질문을 만들기 전에, 내담자가 하는 말을 경청하는 데 자신감을 갖게 될 때 질문들은 발달된다. 그러나 먼저, 지금껏 본문에서 다루지 않았던 혹은 충분히 자세하게 다루지 않았을지도 모르는 특정한 상황에 대한 몇 가지 질문들을 요약하고자 한다.

1. 말기 질환의 사람들

여기에서의 주된 주제는 많은 상담자가 죽음에 대해 말하기를 꺼린다는 것과 말기 질환에 동반되는 통증과 공포를 여전히 인식하고 확증하고 있는 가운데 희망을 갖도록 격려하는 것의 균형을 어떻게 맞추는 것인가이다. 월시(Walsh, 2010, p. 173)는 이러한 상황에서 상담을 이끄는 윤리적 틀에 대해 말하였다. 간단히 말하면, 도움되는 일하기, 남에게 피해를 주는 것 피하기, 자율성 존중하기, 그리고 공정하기이다. 여기에 비밀 지키기, 진실 말하기, 그리고 고지된 동의를 더 첨가했다. 정직하다는 것이 꼭 잔인하게 직설적일 필요가 있다는 것을 의미하지는 않는다. 그것은 오히려 사람들이 여전히 살아야 하는 삶에서 갖는 목표를 탐색할 필요가 있다는 것을 의미한다. 말기 질환 때문에 완화치료를 받고 있는 아이에게 남아 있는 시간의 질은 필수적이다. 따라서 이 아이의 목표를 설정하는 것은 화급을 다투는 것이다. 가디너(Gardiner, 1977)는 죽어 가고 있는 아이의 권리를 다음과 같이 요약하였다.

- 그들의 질환에서 가능한 결과에 대한 진실을 아는 것, 혹은 대부분의 아이들이 자기 스스로 이미 그것을 다루어 왔으므로 그 진실을 확인해 주는 것
- 죽어 가는 것에 대한 생각을 서로 나누는 것, 즉 단지 죽음의 가능성에 대한 것이 아니라 그에 관련된 많은 의문들에 대한 것
- 가능한 한 충만하고 정상적인 삶을 사는 것
- 죽어 가는 과정에 참여하는 것, 즉 치료를 지속할 것인지 아닌지, 병원에서 죽을 것인지 아니면 집이나 호스피스에서 죽을 것인지에 대해 이야기하는 것

말기 질환의 사람들과 함께 목표를 설정하기 위한 질문들

- 당신이 통증을 통제할 수 있는 때에는 무엇이 다를까요?
- 당신에게 만족스러운 통증 조절은 무엇일까요?
- 이번 생 이후에 무엇이 있을 것이라 생각하나요?
- 그것이 어떻게 보일지 작업을 했을 때 그것은 얼마나 더 나아 보일까요?
- 지금부터 다음 주 혹은 다음 달까지 그 사이 동안에 당신의 삶이 어떻기를 바라나요?
- 당신이 이룬 최고의 성취는 무엇인가요?
- 당신이 여전히 갖고 있는 희망은 무엇인가요?
- 당신은 무엇으로 기억되기를 가장 원하나요?
- 삶에서 어떤 작은 변화가 죽어 가는 것을 '좋은 죽음'으로 만들까요?
- 당신이 죽은 다음날을 상상해 보세요. 당신이 되돌아보고 있어요. 그리고 그때부터 지금까지 일어난 모든 것들로 당신이 매우 기쁘다는 것을 발견하게 되었어요. 어떤 것들이 당신에게 모든 것이 잘 되었고, 당신이 자신을 충분히 발휘했다고 말해 줄까요?
- 당신이 임종하는 자리에 있게 될 때, 후회하지 않을 것은 무엇인가요?
- 여기(호스피스/병원)에서 어떻게 계속 견디며 살아오고 있나요? 병원 밖에서 정상적으로 하고 있는 것들, 즉 지속적으로 하고 있는 것은 무엇인가요? 당신이 그것을 잘 다루어 온 것에

> 대해 깜짝 놀란 적이 있나요? 당신이 그것을 더 잘 다루고 있는 때를 어떻게 알 수 있나요?

무엇을 후회하지 않겠느냐에 대한 질문, 즉 자신에게 삶이 어떠했냐는 질문은 이전에 한 번도 털어놓은 적이 없었던 자신의 삶에서의 부당함에 대해 이야기하기를 원하는 사람들에게 중요하다. 라이트(Wright, 2003)는 호스피스 돌봄을 받거나 배우자로부터 떨어져 지내는 것이 나이 든 여성들에게 있어 가정폭력이 있던 삶에 대해 이야기할 기회를 제공함을 발견하였다. 임박한 죽음으로 인해 학대가 끝날 것임을 아는 것은 그들로 하여금 자신들의 경험에 대한 침묵을 깨고 이로부터 편안함을 얻게 하였다.

딜레마

목적: 딜레마에 대한 해결책 고려하기

메리는 82세 환자로 요양원에 있다. 메리는 혈관성 치매를 앓고 있으며 최근 몇 달 동안 상태가 악화되었다. 메리는 현재 치매의 마지막 단계에 있다. 메리는 먹기를 거부하고 있다. 의료 관계자들은 인공 관을 통한 음식물 주입을 시작해야 할지를 결정해야 하는데, 이 음식물 주입 과정은 불편함과 어느 정도의 통증뿐 아니라 감염과 합병증의 위험도 유발한다. 메리의 가족들은 스트레스를 받고 있으며 메리가 절대 굶어서는 안 된다는 것에는 단호한 입장이다.

이러한 윤리적 딜레마를 어떻게 해결할 수 있을까?

(보다 자세한 사항은 Walsh, 2010, p. 177 참조)

2. 자살

혹스와 그의 동료들(Hawkes et al., 1998, p. 103)은 자살 충동이 있는 사람은 특히 문제 해결 기술이 부족하다고 주장한다. 그것은 문제에 대한 대안적인 해결책을 고안해 내는 것에서의 어려움이다. 이 어려움을 바로잡는 데에는 기적질문과 예외질문, 그리고 척도질문이 도움이 된다. 만약 상담자인 당신이 내담자의 자살을 문제 해결을 위한 하나의 시도라고 여긴다면, 다시 말해서 수많은 해결책 중의 하나뿐인 것으로 고려한다면, 내담자에 대한 비난이 줄어들고 그들이 처한 상황의 어려운 본질적인 특성을 평가하게 된다. 당신은 내담자에게 자살만이 유일하게 타당한 해결책이었는지를 생각해 보게 한다. 기적질문에 대한 가장 첫 번째 대답은 "내가 죽었겠지요."일지도 모른다. 이 대답은 그 상황의 심각성을 가리킨다. 그러나 당신은 죽음과는 전혀 상관이 없는, 내담자가 다르게 되기를 원했던 것으로부터 자살을 분리시키기 시작하면서 "그것이 어떻게 도움이 되었나요?"라고 질문할 수도 있다. 예외질문과 척도질문은 가능성과 변화로의 움직임에 대한 아이디어를 제공한다.

자살 충동을 느끼고 있는 사람들에게 하는 질문

- 이러한 선택이 당신에게는 너무 어려운 것으로 보이는데, 어떻게 이것을 감당하고 있나요?
- 과다복용한 것이 도움이 되었나요?

- 그것 대신에 당신이 좀 더 쉽게 할 수 있는 것은 무엇인가요?
- 자신을 그렇게 상처를 입힐 만한 타당한 이유가 있을 것 같은데요……?
- 6개월이나 그 정도 즈음 지나 회고해 보았을 때, 지금의 이 만남이 최상의 것이었다고 판명되었다고 가정해 봅시다. 그것을 어떻게 알 수 있을까요?
- 0점이 전혀 그렇지 않다, 100점이 완벽하다라면, 미래에 대해 얼마나 관심이 있나요?

존 헨든(John Henden, 2008)은 이 질문들을 다음과 같이 발전시켰다.

- 지난 한 주 동안 자살 충동을 가장 적게 느꼈던 때에 대해 말해 주세요.
- 자살 충동을 느끼기 바로 직전, 그날 당신을 흥미롭게 했던 것이 무엇이었나요?
- 이 시점에서 당신의 삶이 좋아지는 것을 방해해 온 것이 무엇인가요?
- 1에서 10까지의 척도에서, 지금 자살 충동을 얼마큼 느끼고 있나요? 당신이 도움을 청해야겠다고 결정하기 전 당신의 자살 충동은 어느 정도였나요? 0.5점 정도 높아지면 당신은 무엇을 하고, 무엇을 생각하며, 무엇을 느끼고 있을 것 같은가요?
- 지난 몇 주 동안 당신이 현재 처한 이런 끔찍한 상황에서 달라지기 위해 했던 것이 무엇인가요?

- 1에서 10까지의 척도에서, 자살 대신에 다른 선택을 첫 번째로 시도하겠다고 결심하는 정도는 몇 점인가요?
- 당신이 생각하기에 이 상담 시간에 당신이 가치 있다고 생각하는 어떤 일이 일어날 것이라고 생각하세요?
- 당신이 최후의 선택을 실천해서 실제로 당신이 죽었다고 가정해 봅시다. 당신이 영혼으로 당신의 장례식에 참석합니다. 그래서 한 3미터쯤 위에서 아래에 있는 문상객들을 내려다봅니다. 당신이 먼저 시도할 수 있었던 또 다른 선택에 대해 어떻게 생각할 것 같나요? 어떤 문상객이 가장 놀라고 당황할까요? 다른 선택에 대해 그 문상객들은 당신에게 어떤 조언을 하기를 원했을까요?
- 지금 이렇게 당신이 이 모든 것을 끝내야겠다고 생각하기 전에 마지막으로 그런 생각을 했던 때는 언제였나요? 그때는 무엇을 다르게 했고 자신을 뒤로 물러나게 할 수 있었나요?
- 당신이 이 선택을 하지 않기로 결정하여 나이가 지긋한 노인이 될 때까지 살았다고 1분 동안만 가정해 봅시다. 당신은 이렇게 힘든 기간을 잘 버텨 내어 생존하였고, 목적이 있고 의미 있는 삶을 살았던 사람으로서 당신의 삶을 되돌아보고 있습니다. 당신의 삶은 어떤 모습이었을까요? 당신은 어떤 것들을 하였을까요? 어떤 새로운 사람들을 알게 되었을까요? 어떤 장소를 방문하였을까요? 어떤 공휴일을 보냈을까요? 맞닥뜨린 문제를 해결하기 위해 삶 속에서 어떤 도전들을 하였을까요? 은퇴 후의 시간을 어떻게 분배했을까요? 최고의 일출과 일몰을 어디에서 보았을까요?

• 당신이 이 마지막 선택을 하지 않기로 결정하고 현재보다 훨씬 나이 들고 현명해져 있다고 가정해 보세요. 현재 이러한 문제를 풀도록 혹은 이 어려운 시기를 헤쳐 나가도록 당신에게 어떤 조언을 할 것 같은가요?

절망에서 희망

목적: 절망에서 벗어나서 희망으로 가는 방법에 대해 생각하기

- 절망을 보이는 내담자나 서비스 이용자를 한 명 정한다.
- 만약 그들의 삶에 진정한 문제가 있다면, 당신이 그것에 대해 알고 있는 것이 무엇인가?
- 이 내담자에게 다양한 선택을 제시할 수 있는 해결중심 질문을 구성한다.

(Walsh, 2010, p. 144)

3. 만성 질환이나 장애를 지닌 사람들

그림이 그려진 육면체(150쪽 그림 참조)는 아동이 질병을 더 잘 이겨 내며 살아가도록 돕기 위해 해결중심 도구로서 개발되었으나 성인에게도 도움이 된다. 배의 선장이 된 거북이라는 은유를 사용하여, 즉 거북이는 느림보이지만 오래 산다는 것을 은유적으로 나타내어, 환자가 비록 여러 장애가 있는 상황에 있지만 여전히 자신의 배의 선장이라는 것을 알도록 한다. 그리고 선장이 원하는 것이 있을 때 그것을 실행할 선원, 즉 전문가들이 필요하다는 것을 환자가 알도록 안내한다. 이 육면체는 어떻게 대화를 시작할지를 결정하기 위해 주사위처럼 굴려서 사용할 수도 있고, 또는 집단 활동에서 사용할 수도 있다.

첫 번째 항구에
안전하게 도착하다

당신의 첫 번째 목표는
무엇이 될 것인가?

당신의 좋은 삶은
어떤 모습인가?

암초에 부딪히다

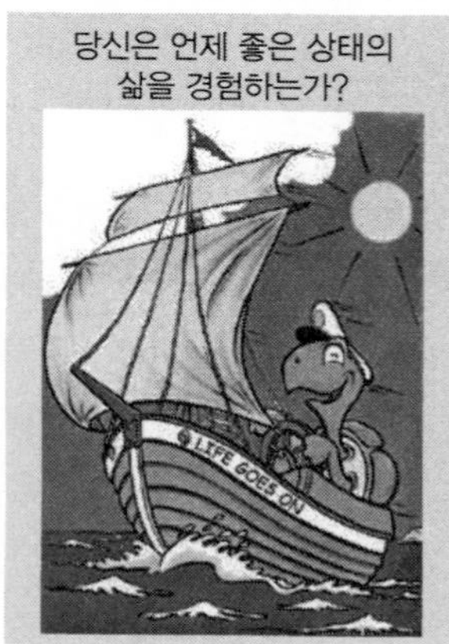

당신은 언제 좋은 상태의
삶을 경험하는가?

오늘 당신의 상황을 어떻게
경험하고 있는가?

4. 환청을 듣는 사람들

우리는 앞에서 정신적으로 아픈 사람과 어떻게 목표를 탐색해 가는지에 대해 논의하였다. 여기서는 환청을 듣는 사람들에게 사용될 수 있는 질문들을 설명한다.

자신의 목소리를 괴롭게 여기는 사람들에게 하는 질문

- 목소리가 당신에게 무엇을 말하고 있나요?
- 이 목소리가 당신을 위한 것인가요? 아니면 당신에게 반대하는 것인가요?
- 이 목소리가 당신을 혼돈에 빠뜨린다면, 이것이 누구의 관심을 끌까요?
- 이 목소리에 대항할 수 있었던 때는 언제였나요?
- 어떻게 그렇게 하였나요?
- 잠시 동안이라도 이 목소리가 당신의 생각을 경청하게 만드는 것은 무엇일까요?
- 당신이 이 목소리를 신뢰하지 않게 되었다는 것을 목소리가 알면 어떨까요?
- 목소리가 당신을 너무 많이 괴롭힐 때 어떻게 대처하나요?
- 당신이 이 목소리에 대항하고 있을 때 다른 사람들이 당신에 대해 무엇을 다르게 인식하나요?

 상담 사례: 목소리 탐구하기

루스: 저는 모든 과정에서 잘하고 있어요. 그런데 이 약들을 복용하고 있어요. 약병에는 이 약이 급성과 만성 조현병을 위한 것이라고 쓰여 있어요. 이 약이 목소리를 없애 주기는 하는데, 하루에 14시간 이상 내가 축 늘어지는 듯한 느낌을 갖게 해요. 의사선생님은 밤에만 이 약을 먹으라고 했지만 별로 도움이 안 돼요. 제대로 잘 수도 없고 항상 끔찍한 느낌이에요. 내가 의사선생님에게 어려움을 호소하니까, "그러니까, 축 늘어지는 느낌과 목소리를 듣는 것, 이 둘 중에 무엇이 더 나쁜가요? 불평하지 마세요."라고 말씀하시더라구요. 의사들은 처방전을 써 주면 그것으로 끝이에요. 관심도 없죠. 전 여전히 가끔씩 목소리를 들어요.

상담자: 목소리는 당신에게 뭐라고 말하나요?

루스: 맨날 똑같은 오래된 것들이죠. 새로운 게 없어요.

상담자: 아버지의 오래된 비난?

루스: 어떤 사람의 목소리 같아요…… 제가 아는 사람이 아니에요. 아버지의 목소리도 아니고. 그건 너무 비판적입니다. 당신의 불안정함을 강화시키죠.

상담자: 그럼 거기에 뭐라고 답하나요?

루스: 빈정거리는 목소리로 말하죠.

상담자: 이 목소리의 목적이 뭐라고 생각하나요? 목소리가 무엇을 원하나요?

루스: 당신이 무언가를 성취하기 시작하면 그 목소리가 당신이 그것을 하지 못하게 끊임없이 상기시키지요. 저는 나갈 준비가 되어

나가려고 해요. 그러면 그 목소리가 당신을 안으로 차 넣어서 당신은 나가지를 못합니다. 그러면 나가지 않은 것에 대해 기분이 더 나빠지지요. 당신이 나가지 않기로 결정하면 그것과 얼굴을 마주할 필요가 없어요. 그렇지만…… 목소리가 이긴 거죠. 당신이 나가려는 것을 멈춘 거예요. 아주 기분이 쓰레기예요. 왜냐하면 사람들이 당신에게 나가라고 요청하는데 당신이 나가지 않아요. 그러면 그들이 당신에게 요청하기를 멈추죠. 당신이 감정 기복이 있는 사람이라고 생각해 보세요. 밖에 나가기 전의 10분을 설명하기가 어려워요. 같이 사는 사람은 알죠. 그 친구는 저를 용서하죠.

상담자: 도움이 되는 다른 어떤 것을 할 수 있나요?

루스: 친구는 목소리에게 '꺼져 버려'라고 말하라고 해요. 그 친구는 제가 약을 처방받는 것에 동의하지 않아요. 저는 며칠만 약을 먹고, 그러면 그 며칠은 견디죠.

상담자: 이런 날에는 어떻게 대처하고 있나요?

루스: 부정이요. 그건 마치 어떤 사람이 뒷마당에서 말하고 있는 것과 같아요. 거기에 있는데, 저는 들을 수가 없는 거죠…… 뭔가 해야 할 중요한 것이 있을 때 그건 정말 어려워요. 이 에세이를 쓰지 않을 거야라고 말할 수 없는 거죠.

상담자: 당신이 그에 저항할 때 그 목소리에 어떤 영향을 주나요?

루스: 목소리에 영향을 주지 않아요. 내가 어떻게 느끼는지에 영향을 주죠…… 보다 긍정적으로요. 제가 더 긍정적으로 느낄 때, 밖으로 나갈 수 있어요. 그렇다고 목소리가 없어지지는 않아요.

(Milner & O'Byrne, 2002, pp. 146–147)

5. 스트레스 장애가 있는 사람들

스트레스는 삶의 정상적인 부분이다. 문제가 있는 것도 정상이다. 삶은 문제로 가득 차 있다. 문제를 하나 해결하면 또 다른 문제가 뒤따라온다. 그러나 스트레스가 누적되면 사람들의 정상적인 대처 능력의 용량을 초과하게 되고, 자살 충동이 있거나 우울한 사람처럼 복합적인 스트레스는 자신의 문제에 대한 대안적인 해결책을 고안해 내는 것에 어려움을 만든다. 고통의 장롱을 들여다보면 오로지 더 많은 고통만을 보게 되지만, 기적질문은 가능성을 열어주고 다음에 설명된 것처럼 그들이 삶에서 원하는 것에 다시 초점을 맞출 수 있도록 도울 수 있다.

상담 사례: 기적질문 이용하기

상담자: 아침에 일어났을 때 기적이 일어났다는 첫 번째 표시는 무엇일까요?

내담자: 모르겠어요.

상담자: 그래서 무엇을 보게 될까요?

내담자: 내 삶이 다시 돌아온 것처럼 느낄 것 같아요.

상담자: 그것을 어떻게 알까요? 당신의 삶이 다시 시작되었다는 첫 번째 표시는 무엇이 될까요?

내담자: 그 시작은 아내와 제가 한 침대에서 자고 있는 것이겠죠.

상담자: 한동안 그런 일이 없었나요?

내담자: 제가 항상 잠자리에 늦게 들어 늘 아내를 깨우기 때문에, 우리는 얼마 전에 제가 다른 침대에서 자기로 결정했어요. 저는 밤에 깨어 있기도 하는데, 잠에 못 들고 이리저리 뒤척이기 때문이에요. 저는 아침에 일찍 일어나서는 다시 잠들 수가 없어서 아내를 깨우곤 했지요. 그래서 우린 서로 너무 지쳐서 아침에 기분이 나빠졌어요. 그래서 당분간 제가 옆방에서 자기로 결정했어요.

상담자: 그러니까 기적이 일어난 다음에, 어떤 일이 일어날까요?

내담자: 밤에 숙면을 취하고 그래서 우린 같은 침대를 다시 쓸 수 있어요.

상담자: 좀 더 나은 밤잠을 자는 기회가 주어지기 위해서 첫 번째로 어떤 일이 일어나야 할까요?

내담자: 밤에 집에서 일을 그렇게 많이 하지 않아야 된다는 것에 대해 생각해 보았어요. 잠자리에 들 때 제 머릿속은 여전히 문제와 걱정으로 가득 차 있어요.

상담자: 그래서 기적이 일어난 후에 당신은 저녁에 일을 덜 해서 잠자기 직전까지 일하지 않게 되겠군요. 그리고 하루 일과의 경계를 짓는 방법을 발견하게 되겠네요. 어떤 것을 했을 것 같나요?

내담자: 전 아내가 잠자리에 들기 전에 같이 시간을 보낼 거예요. 아마도 TV를 같이 보겠지요. 제 생각에 저는 모든 사람과 거리를 두고 있는 것 같아요. 왜냐하면 너무 스트레스를 받기 때문이에요. 제 아내가 이것 때문에 스트레스를 너무 받아서 우리는 이 문제로 싸워 왔답니다.

상담자: 그래서 기적이 일어난 후에 당신은 일을 좀 더 일찍 마치고 저녁에 아내와 더 많은 시간을 보내겠군요. 또 무엇이 있을까요?

(O'Connell, 2001, pp. 71–72)

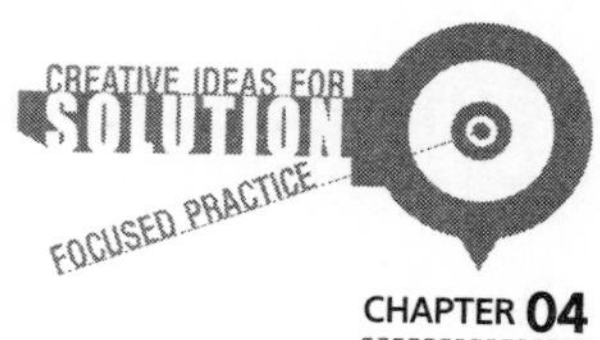

CHAPTER 04

트라우마와 폭력에서 생존하기

트라우마 사건을 경험한 사람들은 그 사건이 신체적 학대이든 성적 학대이든 또는 매우 가까운 관계의 예상치 못한 상실이든 그 문제를 내면화한다. 그들은 관계의 파괴로 황폐화되고, 낮은 자존감을 경험하고, 삶에 대한 통제력이 부족하다는 것을 더욱 강하게 느낀다. 또한 자기비난의 경향이 있고, 합리성이나 현실성을 넘어서 그 문제에 대한 책임을 지려고 한다. 그들은 당장 지금의 상황에 압도되어서 앞으로의 삶의 모습을 생각하는 게 어렵다고 느낀다. 이런 사례에서 스트레스, 고통, 실패에 대해 주의를 기울이지 않고 예외를 찾는 것은 무엇이 생산적인 비난이고 무엇이 타인을 향한 분노인지 밝히는 것을 등한시할 수 있다. 생산적인 비난과 타인을 향한 분노는 모두 내담자로 하여금 더 나은 삶을 살 수 있는 방법을 생각하도록 도와주는 데에 활용할 수 있는 것들이다. 이 장에서는 개인적인 이슈들과 그것이 내담자에게 어떤 의미가 있는지 주의를

기울이면서, 어떻게 잠정적인 언어를 사용하여 이야기할 수 있는지 살펴본다. 잠정적인 언어는 '아마도' '그럴 수 있겠네요' '저는 궁금한데요'와 같은 말들로 시작한다.

상담 사례: 폭력의 현실

15세인 재키(Jackie)는 아버지의 음주에 대해 이야기하고 있다. "하루는 아버지가 술을 마시고 와서 내 얼굴을 벽으로 밀쳐 버렸어요. 벽은 피로 범벅이 되었지요. 나는 강아지처럼 마루 위에서 흐느껴 울었어요. 아버지는 '네가 벽을 엉망진창으로 해 놓은 것을 봐. 깨끗이 청소해.'라고 말했어요. 다음날 내 얼굴은 전부 부어올랐고 아버지는 내 얼굴에 손을 얹고서 '불쌍한 우리 아가, 무슨 일이 있었던 거니? 어쩌다 이렇게 됐어?'라고 말했어요. 아버지는 나를 병원으로 데려갔고 아주 친절하게 대했어요. 알다시피, 아버지는 술에 취해 있었고 기억을 못했어요. 내가 알고 싶은 것은 왜 그러느냐는 거예요. 왜 그게 나인가 하는 것이 아니라. 나는 엄마가 아니라 내가 당해서 기뻐요. 아버지는 왜 그런 행동을 할까요? 만일 아버지가 이유를 말해 준다면 내 잘못이 아니었다는 것을 알 텐데. 아마도 내 잘못이겠죠? 나는 나한테 이유가 있다고 여겨 왔어요."

제2장에서 설명한 기법들은 트라우마를 경험한 내담자 상담에 효과적이다. 어찌되었든 결정을 내리는 것에 특별히 취약한 사람들에게는 자신에게 친절하고 편안하게 느낄 수 있으며, 자신이 좀

더 안전하게 느낄 수 있는 방법을 찾도록 제안하는 것이 도움이 될 수 있다. 이 장에서 우리는 이러한 특별한 상황에 적용할 수 있는 기법을 개략적으로 살펴볼 것이다. 하지만 먼저 내담자의 상황이 얼마나 어려운지 인정할 뿐 아니라 어려운 상황에서 일어났다는 것을 강조하지 않는 이상 너무 평범해 보여서 무시되곤 하는 성과들을 인식하도록 하는 질문들을 재검토할 것이다.

1. 생존질문

- 당신은 그 모든 역경에서 살아남기 위해 어떻게 대처했나요?
- 이런 감정에도 불구하고 대처할 수 있었을 때에 대해서 말해 줄 수 있나요?
- 어떻게 그렇게 하였나요?
- 당신이 이 역경을 통해서 자신에 대해 알게 된 것은 무엇인가요?
- 당신의 현재 어려움을 해결하는 데 이것 중 어떤 것을 사용할 수 있을까요?
- 어려움이 있을 때 누가 혹은 어떤 일이 도움이 되었나요?
- 누가 당신을 도와줄 수 있을까요?
- 당신에게 도움을 줄 사람을 어떻게 찾을 수 있을까요?
- 당신의 도와달라는 요청에 그들이 응한 이유가 무엇이라고 생각하나요?
- 현재 당신의 어려움을 도와주는 그들을 신뢰할 수 있다고 생각하나요?

상담 사례: 가정폭력

델마(Thelma)는 몇 년에 걸친 남편의 신체적 · 정서적 학대로 인해 최근 남편과 헤어졌다. 하지만 딸과의 만남, 그리고 남편이 그녀의 집과 가구를 몰래 판 것에 대한 보상 문제로 수많은 법적 다툼에 직면하고 있다. 또한 남편이 그녀에게 다시 받아 달라고 애원하고 있는 사실(그녀에게는 아직 남편에 대한 감정이 남아 있다)과 월세를 낼 여유가 없기 때문에 재정적으로 압박을 받는 것이 그녀를 힘들게 하고 있다. 그녀는 점점 나이는 많아지고, 지금은 자신의 미래를 생각할 수 없다고 말하며 포기하고 싶은 느낌이라고 한다.

그녀에게 포기하고픈 느낌에도 불구하고 어떻게 살고 있는지 물었을 때(하나 이상의 질문을 하였다), 델마는 여전히 외모를 가꾸고, 매일 강아지와 산책하고, 친척들을 도와주며 지낸다고 말했다. 비록 그녀가 지금으로서는 아무 재미가 없지만 즐거웠을 때를 기억해 낼 수는 있다. 그녀는 계속 희망을 갖고 있고 있기 때문에 견디고 있으며, 집 안에 빨간 장미를 놓아두고 이것을 기억하고 있다.

2. 잘못된 양육으로부터의 생존 척도

비록 우리는 모두 부모를 사랑할 것이라고 기대하지만, 모든 사람이 행복한 가정생활을 하는 축복을 누리는 것은 아니며, 어떤 사랑도 거의 받지 못할 수도 있다. 행복한 가족에 대한 사회적 관념 때문에 우리는 보호시설에 가게 된 사람들 또는 일반적으로 가족 안에서 희생양이 되거나 방치된 사람들이 어떤 식으로든 비난을 받아야 한다고 생각하는 경향이 있다. 그들이 더 행복한 삶에 대한 목표를 결정하는 것을 돕기 위해서 우리는 종종 이반 돌란(Yvonne Dolan, 1991)이 성적으로 학대당한 여성을 상담하는 데에 사용한 척도를 적어 볼 것을 요청한다. 각 문항은 비밀을 공개하는 것을 긍정적으로 받아들이기, 긍정적 사고, 지지적 친구, 성취 및 성공경험과 같은 회복탄력성의 기본 요소를 반영하여 선택된다. 이 척도는 성적 학대, 약물남용, 따돌림 등으로부터의 회복과 같은 다양한 상황에서 사용될 수 있다.

잘못된 양육으로부터의 생존 척도

번호	가장 알맞은 곳에 체크하세요	전혀 아니다	약간 그렇다	그런 편이다	매우 그렇다
1	일어난 일에 대해 말할 수 있다.				
2	다른 일들에 대해 말할 수 있다.				
3	일어난 일에 대해 슬퍼할 수 있다 .				
4	일어난 일에 대한 죄책감에 대처할 수 있다.				
5	일어난 일에 대해 분노를 표현할 수 있다.				
6	새로운 가족의 일원으로 느낀다.				
7	자립할 수 있다.				
8	잠을 잘 잔다.				
9	잘 먹는다.				
10	현명함을 유지한다.				
11	사회적 모임에 간다.				
12	새로운 상황에 대처한다.				
13	새로운 친구를 만난다.				
14	웃는다.				
15	지지적인 관계를 선택할 수 있다.				
16	마음을 편안하게 할 수 있다.				
17	비판을 참을 수 있다.				
18	칭찬을 받아들일 수 있다.				
19	미래에 대해 관심을 갖는다.				
20	자기 자신을 좋아한다.				
21	학교/직장에 간다.				
22					
23					
24					

3. 안전과 통제

폭력 경험으로 인해 안전에 대한 환상이 부서질 때, 사람들은 종종 자신의 삶에서 통제력을 잃는다. 예를 들어, 보호자 없이는 도전을 무릅쓰지 못하거나, '몸에 맞지 않는 옷'을 입거나, 공황발작이나 플래시백을 경험한다. 많은 사람에게 있어서 삶의 현실은 전혀 안전하지 못한 것이다. 그 사람은 단 한 사람에 의해서 학대를 경험했을 수 있지만 다수에 의해 학대당할 잠재성은 항상 존재한다. 그래서 단지 한 번의 나쁜 경험을 했더라도 그 사람을 돕는 것은 결코 단순한 일이 아니다.

폭력을 경험한 사람들은 효과적인 안전 전략을 다양하게 마련해야 한다. 예를 들어, 대니(Danny)는 코카인 취급을 그만두었지만 이전 고객들이 약물을 주문했던 전화번호를 여전히 사용하고 있었다. 그래서 그가 더 이상 코카인을 취급하지 않는다는 것이 알려지지 않았다. 이것이 널리 알려졌다면 그의 안전이 위태로워졌을 수도 있다. 그는 유사하게 'the eye'라고 불리는 약물을 계속해서 사람들에게 공급했다. 그것이 주목할 점이다. 약물오용과 성매매에 빠질 위험에 있던 여자 청소년 집단과의 상담에서, 그들이 토요일 저녁에 안전하게 함께 외출할 수 있는 안전 계획을 세우도록 도왔다. 그들은 휴대전화가 완전히 충전되었는지 확인했고, 서로 다른 사람의 전화번호를 갖고 있었으며, 집에 돌아가는 택시를 예약하였다. 화장실에 갈 때에는 둘씩 짝을 지어서 갔고, 그들 중 한 명은 나머지 사람들을 살펴볼 수 있도록 술을 마시지 않기로 동의하였다. 가정폭력 위험이 있는 사람은 '빨리 도망칠 수 있도록' 일련의 물품 세트를 준비하도록 할 것이다. 물품 세트는 문이 잠길 것에 대비한 여분의 열쇠, 현금, 여분의 휴대폰, 칫솔, 여분의 바지와 같은 물품으로 구성된다. 이러한 물품은 보통 부엌 선반 안의 과자를 만드는 재료들처럼 가해자가 찾기 어려운 장소에 숨겨져 있다.

통제력이 완전히 결핍된 느낌을 가진 사람들의 드물지 않은 반응은 안전에 대한 어떤 희망도 포기하고 무분별해지는 것이다. 이런 때 우리는 '마음의 평화' 질문을 사용한다. 이것은 당신이 가정폭력을 당하는 성인, 폭력집단에 있는 청소년, 주말에 술에 취할 위험이 있는 젊은 여성처럼 내담자 상황의 안전이 염려될 때 사용하는 질문이다. '마음의 평화를 위한다'는 마음으로 질문을 하며, 잔소리와 훈계는 삼간다.

- 당신이 괜찮을 것이라는 것을 제가 어떻게 알 수 있을까요?
- 당신이 괜찮을 것이라는 것을 제가 이해하도록 돕기 위해 당신이 할 수 있는 것과 제가 할 수 있는 것은 무엇일까요?
- 당신이 괜찮을 것이라는 걸 제게 알려 주는 것들은 무엇일까요?
- 그것들에 대해서 말해 주시겠어요? 제가 그것에 대해서 알면 훨씬 더 좋을 것 같아요.

4. 취침시간 치료

플래시백, 침투적 생각, 그리고 무가치한 느낌은 잠자리에 들어서 잠이 드는 시간 사이에 가장 많이 일어나며, 악몽이 잠을 방해하는 것은 드문 일이 아니라고 보고되고 있다. 이런 상황에 있는 사람들을 돕기 위해 우리는 '취침시간 치료'라고 부르는 것을 고안하였다. 침실은 실제로 학대와 관련이 있는 장소이기 때문에, 잠들기 어려워하는 사람들을 돕는 데에도 이 방법을 사용할 수 있다.

우리는 사람들에게 욕실과 침실의 상태를 더 따뜻하고 더 안전하게 만들 수 있는 방법을 계획하도록 격려한다. 이것은 아주 간단할 수 있다. 예를 들어, 데이비드(David)는 단순히 문에서 멀리 떨어져 침대의 다른 편에서 자는 것이 필요했다. 다른 사람들은 장식 전체를 바꾸거나 가구를 옮기고, 즐거웠던 기억을 떠올리는 편안한 상징물을 추가해서 놓는다.

욕실의 변화는 좀 더 복잡할 수 있다. 예를 들어, 쇼나(Shona)는 자신의 몸이 불결하고 더럽혀졌다고 생각했기 때문에 자신의 몸을 보는 것이 힘들었고 불을 끈 상태로 목욕을 하였다. 많은 얘기 끝에 그녀는 '불결함'을 씻어 내고 그것이 배수구로 빠져나가는 상상을 하기 위해서 무향비누(약용비누는 학대의 의미를 내포하고 있었다)를 사용하고 찬물 목욕을 하는 목욕방식을 선택했다. 그러고 나서 그녀가 좋아하는 향비누로 따뜻하게 목욕을 하고 푹신한 수건으로 몸을 말릴 것이다. 우리는 악몽으로 고통받는 사람들이 침대에서 일어나 나와서 짧은 휴식을 가지며 새로운 결말을 생각해 냄으로써 악몽의 결말을 실제로 바꿀 수 있다는 것을 발견하였다. 예를 들어, 세나즈(Shenaz)는 화장실에 갈 것이고, 가해자가 꿈에 나타났을 때 그에게 소변을 보는 상상을 하게 될 것이다.

당신을 위한 해결책

목적: 해결중심 질문이 어떻게 자기에 대해 성찰하는 방식으로 사용될 수 있는지 생각하기

다음 질문에 척도점수를 매기시오.

- 0점이 전혀 만족하지 못함, 10점이 완전히 만족함을 의미한다고 할 때, 당신의 외모에 대해 어떻게 느끼나요?
- 0점이 전혀 아니다, 10점이 항상 그렇다를 의미할 때, 당신은 건강관리를 가장 잘할 수 있는 방법에 대해 얼마나 자주 생각하거나 친구 또는 동료와 상의하나요?
- 0점이 결코 아닌 것을 의미하고 10점이 격월로 하는 것을 의미할 때, 당신은 새로운 다이어트나 운동을 얼마나 자주 시작하나요?
- 당신의 몸을 바라볼 수 있는 다른 방법이 있나요?

5. 6, 5, 4, 3, 2, 1

침투적 생각은 잠드는 것을 매우 어렵게 만들 수 있다. 여기에 돌란(1998)의 방법을 적용하는 것이 매우 효과적이라면, 이는 어떤 면에서는 느리고 얕은 숨이 공황상태의 감정을 감소시키기 때문이며(더 자세한 내용은 Macdonald, 2011, Appendix 11 참조), 다른 면에서는 매우 지루하고 반복적이기 때문이다. 우리는 내담자에게 침대에서 가능한 한 편안한 상태로 있으면서 실제로 느낄 수 있는 것 여섯 가지를 자기 자신에게 말하라고 요청한다. 예를 들어, '나는 빰에 닿은 상쾌한 침대커버를 느낄 수 있다, 나는 손이 가슴에 가볍게 닿는 것을 느낄 수 있다, 나는 발가락이 이불에 닿는 것을 느낄 수 있다' 등이다. 그러고 나서 그들이 들을 수 있는 여섯 가지를 말해 보라고 요청한다. 예를 들어, '나는 시계가 째깍거리는 소리를 들을 수 있다, 나는 난방시스템이 딸깍거리는 소리를 들을 수 있다, 나는 방열기가 삑삑거리는 소리를 들을 수 있다' 등이다. 그러고 나서 우리는 그들이 볼 수 있는 여섯 가지로 옮겨 간다. 분명히 그들은 눈을 감고 있기 때문에 어둠을 볼 수 있다고 여섯 번을 말해야 한다. 이 어둠은 도움이 되는 어둠이 어떤 것일지 발견하기 위해 논의될 수 있다. 예를 들어, '나는 검은 벨벳 커튼을 볼 수 있다. 나는 그것에 가라앉고 있다'이다. 우리는 그들이 한 번 숨을 쉴 때 각 활동의 한 요소를 할 수 있도록 느리고 얕은 호흡을 하라고 요청한다. 그리고 만일 침투적 생각이 끼어들면, 그 일이 몇 번 발생하든지간에 맨 처음부터 다시 시작한다. 이 활동은 꽤 많은 결단력을 요구하지만 효과적이다.

Top Tips: 아동을 위한 보이지 않는 악어

침투적 생각과 플래시백 문제를 가진 어린 아동이 있을 때, 우리는 보이지 않는 악어 중 하나를 빌려준다. 우리는 악어들이 침대 아래에 살고 있고 나쁜 생각과 모든 불쾌한 일들을 먹는다고 설명한다. 그리고 악어가 특별히 악몽을 좋아하는데, 악몽을 마치 초콜릿 소스를 얹은 아이스크림처럼 특별한 간식으로 여기고 좋아한다고 말해 준다. 우리는 아동에게 어떤 색깔의 악어였으면 좋겠는지 물어보고, 침대 아래에 살면서 모든 문제가 되는 생각을 먹는 이 악어의 생생한 그림을 구축해 간다. 아동들은 자주 금빛 날개를 가진 악어를 선택한다. 또한 우리는 어른에게는 악어가 낮 동안에는 조용히 잠을 자기 때문에, 침실을 청소할 때 악어를 건드리지 않도록 조심하라고 요청한다. 그러고 나서 우리가 바로 그런 악어를 갖고 있는데 먹이가 부족해서 다소 말라 있기 때문에 바로 오늘 밤에 악어를 보내 주겠다고 말한다. 악어가 할 일을 다 마친 후에는 그것을 다른 아동에게 주기 위해서 돌려받을 수 있을지도 물어본다.

6. 분별 있게 이기적이 되기

이 장의 처음 부분에서 나온 재키처럼, 학대받은 경험을 가진 많은 사람은 그 사건에 대해 매우 비합리적이고 감당할 수 없는 책임감을 갖고 있다. 이때에는 합리적으로 책임지기란 어떤 것인지에 대해 질문하는데, 예를 들어 "어떻게 분별 있게 이기적이 될 수 있을까요?"라고 호기심을 갖고 질문을 할 수 있다.

호기심 어린 질문하기

목적: 호기심 어린 질문 만드는 연습하기

- 이 장의 처음 부분에서 나온 재키의 상담 사례를 다시 읽어 보시오.
- 재키의 자기비난 사고에 도전할 호기심 어린 질문을 최소한 3개 만들어 보시오.

7. 현관매트 상담

내담자가 힘든 가정생활이나 직장일을 지속해야 하는 상황에 있을 때, 우리는 가족이나 집단 안에서 구성원의 순위를 매긴다면 누가 첫 번째인지 정하도록 요청한다. 대부분 사람은 가족 안에서 아이들을 첫 번째로 놓고, 배우자를 두 번째, 그다음에 다른 가족원들을 놓고 마지막으로 애완동물을 놓는다. 사람들은 종종 가족 안에서 자기 자신에게 순위를 매기는 것을 잊곤 한다. 그리고 자신은 그저 순위의 맨 바닥, 즉 현관매트(doormat) 위에 있다고 말하곤 하는 것을 기억할 필요가 있다. 가족이나 직장에서 그렇게 낮은 위치를 차지하는 사람이 어떻게 다른 사람의 행동, 생각, 감정을 책임질 수 있는지에 대해 호기심 어린 질문을 하는 것이 여기서 유용하다. 다음 질문들이 이것에 포함된다.

- 만일 당신 자신을 첫 번째로 놓는 것을 이기적이라고 생각한다면, 어떻게 하면 자신을 강력한 두 번째로 놓을 수 있을까요? 또는 세 번째에?
- 당신이 모든 책임을 지고 있어서 다른 사람들이 잘할 수 있지만 그것을 할 기회를 갖지 못하는 것은 무엇일까요?
- 다른 사람들은 어떤 종류의 책임감을 갖길 원할까요?
- 당신의 가족/집단에서 누가 좀 더 도와줄 수 있을까요?

상담 사례: 현관매트 위에서 일어서기

자신의 삶에 대한 통제감 없이 희망도 없고 우울한 재니스(Janice)는 자신이 낳은 자녀 세 명과 최근에 사망한 오빠의 십대 자녀 두 명을 돌보고, 주말에는 남편이 전 배우자와의 사이에서 낳은 두 명의 어린아이들까지 돌보면서 시간제 일을 하고 있었다. 이 모든 책임에 더해서 그녀는 오빠의 자녀들의 공식적인 위탁부모 신청을 하여서 사회복지과(Social Care)로부터 조사를 받게 되었다. 사회복지과의 조사는 그녀에게 추가적인 부담이 되었는데, 특히 그녀에게 양육에 집중하기 위해서 시간제 일을 그만두라고 권고하였기 때문이었다. 이는 그녀의 수입이 줄어들 뿐 아니라 그녀가 걱정을 잊고 자신의 강점을 상기시킬 수 있는 하나의 상황이 사라지는 것이었다.

재니스는 현관매트 은유를 들면서 모두 다 그녀에게서 발을 치우라고 말하였다. 그녀는 바닥에서부터 자신을 조금이라도 일으켜 세우기 위해 아이들이 더 많이 도움을 줄 수 있을 것이라고 생각했고, 이것은 아이들의 능력과 강점을 확인하게 해 주었다. 가장 큰 아이는 동생들을 잘 돌보았고, 그다음 아이는 설거지를 잘했으며, 가장 어린 여자 아이는 다른 사람을 웃게 해 주었다. 재니스에게 제안된 과제는 그녀의 부담을 줄이기 위해 아이들의 모든 능력을 활용하는 것이었다. 그리고 그녀는 다음 상담 회기에서 의기양양하게 자신이 더 이상 현관매트가 아니라고 말했다. “나는 이제 부엌의 싱크대 수준이에요!”

8. 위안 신호

돌란(1998)은 자기 자신을 편안하게 만드는 방법을 배우는 것이 스스로를 가치 있게 여길 가능성을 높여 준다고 말했다. 자신을 편안하게 만드는 것은 트라우마 경험이나 플래시백 또는 공황발작의 영향을 감소시킨다. 돌란의 많은 활동과 아이디어 중에서 우리는 '위안 신호' 개발과 '위안 서랍' 만들기가 특히 도움이 되는 것을 발견했다. 위안 서랍 만들기는 단순하고 즐거운 과제이다. 그것은 내담자의 성공경험, 지지체계, 희망을 상기시키는 것들로 서랍 또는 상자를 채우는 것이다. 예를 들어, 위안 서랍에는 성공경험을 상징하는 증명서나 태아 촬영사진이 담겨 있을 것이다. 또한 친구의 사진, 지지를 받을 수 있는 곳이 적힌 전화번호 목록, 운전을 배울 수 있다고 희망을 준 사람을 기억나게 해 주는 열쇠고리 또는 델마의 사례에서와 같이 희망을 상기시키는 장미 꽃병과 같은 것을 포함한다. 좋아하는 CD나 초콜릿 바도 즉각적인 위안을 주는 데 포함될 수 있다. 위안 서랍은 스트레스가 있을 때 자원이 된다.

위안 신호

목적: 위안 신호를 개발하는 연습하기

살아오면서 좋았던 때를 떠올려 보시오. 이때의 스냅사진을 하나 선택해서 무슨 일이 있었는지 시각화해 보시오.

- 무엇을 볼 수 있나요?
- 무슨 소리가 들리나요?
- 무슨 냄새가 나나요?
- 신체적으로(정서적이 아니라) 무엇이 느껴지나요?
- 이 장면에서 가장 생생하게 상기되는 감각 한 가지는 무엇인가요?
- 만일 당신이 이 감각을 증류할 수 있다면 그것은 무엇으로 변할까요?
- 또는 이 감각을 상징화할 수 있는 한 가지는 무엇일까요?

이것이 당신의 위안 신호이다.

9. 특별한 선물

문제에 대한 해결책을 찾는 것은 힘든 일이다. 그래서 우리는 종종 내담자에게 스스로의 노력에 보상하는 방법으로서 자신에게 좋은 어떤 것을 해 보거나 그날 저녁에 특별한 선물을 주라고 요청한다. 우리는 '특별한 선물을 주는 것'이 낮은 자존감을 경험하고 있는 사람에게 매우 도움이 된다는 것을 상담에 대한 평가질문을 하면서 알게 되었다. 무엇이 가장 도움이 되었는지 질문하였을 때 샐리는 "특별한 선물을 하는 것이요…… 저는 처음에 그걸 진지하게 받아들이지 않았어요. 저는 당신이 그저 친절하다고 생각했어요. 하지만 그것이 축적되면서 제가 특별한 선물을 받을 만한 가치가 있다는 것을 깨닫게 해 주었어요. 특별한 선물을 주는 것이 정말 좋게 느껴졌어요."라고 대답했다. 그리고 우리는 자기 자신에게 잘 대하라고 격려하는 것은 단지 여성만을 위한 것이 아니라는 것을 알게 되었다. 아주 거친 남성들도 특별한 선물의 호사스러움이나 목욕시간 치료를 즐긴다는 것이다.

10. 잘 사는 것이 최선의 복수

돌란(1998)은 내담자를 피해자나 거의 다름없이 한계를 설정하는 학대로부터의 생존과 즐거운 삶을 사는 것 사이에 구별을 지었다. 즐겁고 충만한 삶을 살기 위해서는 오랜 상처와 적대감을 보내버려야 한다. 돌란은 분노와 혼란을 다룰 수 있는 방법으로 '쓰고, 읽고, 태우기'와 '가해자에게 편지 쓰기'를 포함한 여러 제안을 하였다. 먼저, 첫 번째 방법에서는 내담자에게 상처에 대해 모든 내용을 상세히 적도록 한다. 이 과제는 며칠이 걸릴 수도 있다. 우리는 자신의 분노를 70쪽에 걸쳐 자세하게 적은 내담자를 본 적이 있다. 그러고 나서 적은 내용을 읽은 다음에 불태운다. 물론 우리는 내담자에게 적은 것을 어떻게 처리할지 선택하도록 한다. 어떤 사람은 해변으로 여행을 가서 적은 종이를 찢은 다음, 바다에 던지는 것을 선택한다. 어떤 사람은 쓰레기통에 버리는 것을 좋아한다. 때때로 사람들은 신발 상자에 그것을 싸서 넣고 뚜껑을 봉한 다음, 다락방에 보관한다. 우리는 그렇게 했던 사람을 알지는 못하지만 그런 경우는 나중에 언젠가 다시 열어 보기를 원할 때뿐일 것이다.

'가해자에게 편지 쓰기'는 좀 더 복잡한 과정이다. 내담자에게 상처를 입힌 사람에게 하고 싶은 말을 모두 적도록 요청한다. 이것은 시간이 좀 걸리는 작업이므로 내담자가 시간을 넉넉히 갖도록 해준다. 내담자가 충분히 적었다고 만족할 때 자신에게 두 통의 편지를 쓰도록 한다. 첫째는, 가해자가 한 무더기의 변명을 늘어놓는 답장을 보낼 것이라는 것을 알고 쓰는 편지이다. 그다음 가해자에게서 받고 싶은 사과의 내용이 담긴 편지를 쓴다. 이 과정은 두 가지 현실을 구분하고 강조하기 때문에 많은 사람에게 효과적이다. 가해자는 그가 한 일을 직면할 수 없는 형편없는 사람이고, 그래서 비열하고 크게 걱정할 가치가 없는 사람이라는 사실과 피해자는 가치 있고 사과를 받아 마땅한 사람이라는 사실이다.

비록 이 활동의 대부분은 성적 학대를 경험한 여성들을 위해 고안되었지만, 전쟁하듯 싸움을 하는 부부처럼 분노와 적대감이 행복한 삶을 방해하는 광범위한 상황에서 적용될 수 있다. 보다 단순한 차원에서, 당신은 내담자에게 '적대감 항아리' 안에서 콩을 한 개 꺼내어 던져 버리기 전까지는 또 다른 콩을 넣지 말라고 요청할 수 있다.

Top Tips: 아동과 함께할 수 있는 방법

1. 돕는 손길

아동에게 손의 윤곽을 그리게 하고, 자신을 도와줄 것이라고 믿는 사람의 이름을 각 손가락 위에 쓰게 한다. 그리고 어떻게 그 사람과 접촉할 것인지를 적게 하는데, 만일 아동이 정기적으로 그 사람과 접촉하지 않는다면 전화번호를 추가해서 적도록 한다. 어떤 아동은 고갈된 원조 고리를 갖고 있지만 신뢰하는 애완동물이나 장난감을 갖고 있을지도 모른다. 애완동물이나 장난감과 얘기하는 것은 전문상담자와 이야기하는 것보다 훨씬 덜 위협적이다.

2.비밀 신호

아동이 아동 보호가 염려되는 가족과 함께 살고 있다면, 아동이 도움을 받기를 원하는 믿을 만한 어른과 자신의 위험을 알리는 비밀 신호를 함께 만든다. 이것은 어떤 장식품을 놓아둔 위치를 바꾸거나 주소가 적혀 있고 도장이 찍힌 빈 우편엽서를 보내는 것일 수도 있다.

3. 비밀 생각 상자

신발 상자를 장식해서 그 위에 우편함 투입구를 만든다. 아동을 초대하여 걱정거리가 무엇이든 그것을 적게 하고 우편함에 넣는다. 어른을 초대하여 무엇이든 아동에 대해 좋은 것을 적게 하고 우편함에 넣는다. 금요일에 차를 마신 후 또는 주말이 시작하기 전에 어른이 상자를 열고 걱정거리와 칭찬거리를 읽는다. 걱정거리를 읽고 난 후 아동에게 여전히 걱정스러운지 질문한다. 편지를 써서 부친 것만으로 걱정거리가 사라지는 것은 드문 일이 아니다. 걱정거리가 여전히 남아 있다면, 그것은 어른이 아이의 걱정거리에 온전히 집중할 수 있을 때 이야기를 나눌 수 있다.

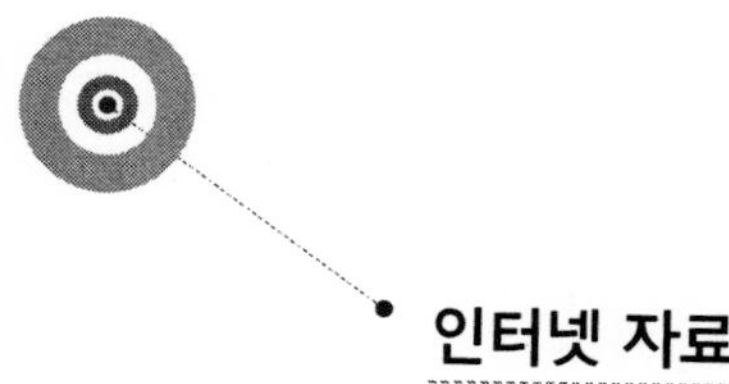

인터넷 자료

미국의 센터 www.brief-therapy.org에는 다양한 책과 비디오 등이 있다. 또한 다운로드해서 볼 수 있는 유인물과 짧은 글들도 있다. 전문가들이 함께 참여할 수 있는 국제 토론의 장과 LIST라고 불리는 자문을 위한 장도 있다. 관련 링크에 접속하여 해리와 조슬린 코먼(Harry and Jocelyn Korman)을 클릭하고, SFT-L에 가입한 후 지시를 따르면 된다.

영국 런던 단기치료센터 www.brieftherapy.org.uk

North-East(Newcastle) 단기치료센터 www.btne.org

www.talkingcure.com에는 전세계적인 연구 결과(주로 미국의 연구 결과)들이 있다.

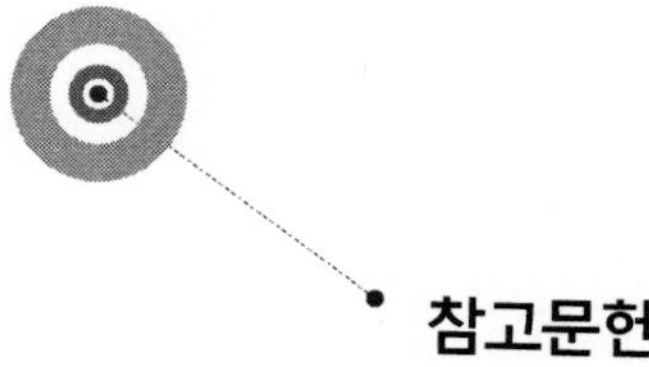

참고문헌

Baker, C. (2015) *Developing Excellent Care for People Living with Dementia in Care Homes*. London: Jessica Kingsley Publishers.

Berg, I. K. & Miller, S. D. (1992) *Working with the Problem Drinker: A Solution Focused Approach*. New York: W. W. Norton & Co.

Berg, I. K. & Reuss, H. H. (1998) *Solutions Step by Step: A Substance Abuse Treatment Manual*. London: W. W. Norton & Co.

Berg, I. K. & Steiner, T. (2003) *Children's Solution Work*. London: W. W. Norton.

Couzens, A. (1999) 'Sharing the Load: Group Conversations with Young Indigenous Men.' In *Extending Narrative Therapy: A Collection of Practice-Based Papers*. Adelaide: Dulwich Centre Publications.

de Shazer, S. (1988) *Clues: Investigating Solutions in Brief Therapy*. New York: W.W. Norton & Co.

de Shazer, S. (1991) *Putting Difference to Work*. London: W. W. Norton & Co.

de Shazer, S. (1994) *Words Were Originally Magic*. New York: W. W. Norton & Co.

Dolan, Y. (1991) *Resolving Child Abuse*. New York: W. W. Norton & Co.

Dolan, Y. (1998) *One Small Step: Moving Beyond Trauma to a Life of Joy*. Watsonwille, CA: Papier-Mache Press.

Fiske, H. & Zalter, B. (2005) 'Solution Focused Scavenger Hunt.' In T. S. Nelson (Ed.) *Education and Training in Solution Focused Brief Therapy*. Binghampton, NY: The Howarth Press.

Gardiner, G. (1977) 'The rights of dying children: Some personal reflections.' *Psychotherapy Bulletin 10*, 20-23.

Ghul, R. (2005) 'Moan, Moan, Moan.' In T. S. Nelson (Ed.) *Education and Training in Solution Focused Brief Therapy*. Binghampton, NY: The Howarth Press.

Hackett, P. (2005) 'Ever Appreciating Circles.' In T. S. Nelson (Ed.) *Education and Training in Solution Focused Brief Therapy*. Binghampton, NY: The Howarth Press.

Hawkes, D., Marsh, T. I., & Wilgosh, R. (1998) *Solution Focused Therapy: A Handbook for Health Care Professionals*. Oxford: Butterworth Heinemann.

Henden, J. (2008) *Preventing Suicide: The Solution Focused Approach*. Chichester: Wiley.

Jacob, F. (2001) *Solution Focused Recovery from Eating Distress*. London: BT Press.

Kitwood, T. (1997) *Dementia Reconsidered: The Person Comes First*. Buckingham: Open University Press.

Lamarre, J. (2005) 'Complaining Exercise.' In T.S. Nelson (Ed.) *Education and Training in Solution Focused Brief Therapy*. Binghampton, NY: The Howarth Press.

Levy, R. & O'Hanlon, W. (2001) *Try and Make Me: Simple Strategies That Turn Off the Tantrums and Create Co-operation*. Breinigsville, PA: Rodale Books.

Macdonald, A. J. (2011) *Solution-focused Therapy: Theory, Research and Practice* (2nd edn). Sage: London.

McAlistair, M. (2007) 'The Spirit of SFN: Making Change at Three Levels.' In M. McAllister (Ed.) *Solution Focused Nursing: Rethinking Practice*. Basingstoke: Palgrave.

Miller, S. D. & Berg, I. K. (1995) *The Miracle Method: A Radically New Approach to Problem Drinking*. New York: W. W. Norton & Co.

Milner, J. (2001) *Women and Social Work: Narrative Approaches*. Basingstoke: Palgrave.

Milner, J. & Bateman, J. (2011) *Working with Children and Teenagers Using Solution Focused Approaches: Enabling Children to Overcome Challenges and Achieve Their Potential*. London: Jessica Kingsley Publishers.

Milner, J. & Jessop, D. (2003) 'Domestic violence: narratives and solutions.' *Probation Journal 50,* 127-141.

Milner, J. & O'Byrne, P. (2002) *Assessment in Social Work* (2nd edn). Basingstoke: Palgrave Macmillan.

Milner, J., Myers, S., & O'Byrne, P. (2015) *Assessment in Social Work 4th Edition*. Basingstoke: Palgrave Macmillan.

Myers, S. (2007) *Solution-focused Approaches*. Lyme Regis: Russell House Press.

Nelson, T. (Ed.) (2005) *Education and Training in Solution Focused Brief Therapy*. Binghampton, NY: The Howarth Press.

O'Connell, B. (1998) *Solution Focused Therapy*. London: Sage.

O'Connell, B. (2001) *Solution Focused Stress Counselling*. London and

New York: Continuum.

Rycroft, C., Gorer, G., Storr, A., Wren-Lewis, J., & Lomas, P. (1966) *Psychoanalysis Observed*. London: Penguin.

Saleebey, D. (ed) *The Strengths Perspective in Social Work 6th edition*. London: Pearson.

Shennan, G. (2014) *Solution Focused Practice: Effective Communication to Facilitate Change*. Basingstoke: Palgrave.

Swaffer, K. (2015) *What the Hell Happened to my Brain? Living beyond Dementia*. London: Jessica Kingsley Publishers.

Turnell, A. & Essex, S. (2006) *Working with 'Denied' Child Abuse: The Resolutions Approach*. Maidenhead: Open University Press.

Turnell, A. & Lipchik, E. (1999) 'The role of empathy in brief therapy: the overlooked but vital context.' *Australian and New Zealand Journal of Family Therapy 20*, 4177-4182.

Walsh, T. (2010) *The Solution Focused Helper: Ethics and Practice in Health and Social Care*. Maidenhead: Open University Press.

White, M. & Epston, D. (1990) *Narrative Means to Therapeutic Ends*. New York: W. W. Norton & Co.

Wright, J. (2003) 'Considering issues of domestic violence and abuse in palliative care and bereavement situations.' *Journal of Narrative Therapy and Community Work 3*, 72-74.

Young, S. (2005) 'Success and Failure.' In T. S. Nelson (Ed.) *Education and Training in Solution Focused Brief Therapy*. Binghampton, NY: The Howarth Press.

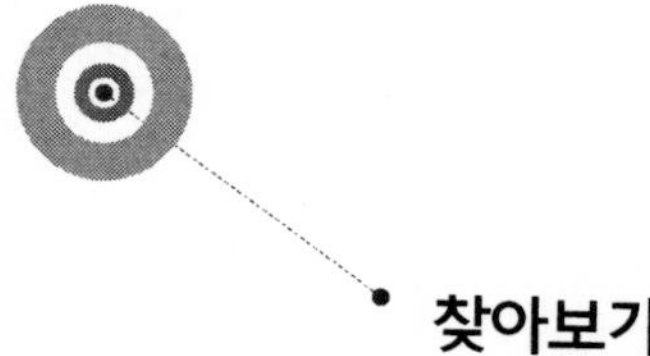

찾아보기

인명

내용

저자 소개

주디스 밀너(Judith Milner)는 사회복지 분야의 부교수로서, 최근 은퇴했다. 그녀는 가정 법원에서 아동보호, 가정폭력, 그리고 경쟁적으로 연결되는 사례들에 대한 치료자이자 자문가이며 독립적인 전문가이다. 그녀는 해결중심 실제에 대한 많은 저서를 집필하였다. **스티브 마이어스**(Steve Myers)는 맨체스터에 있는 샐퍼드 대학교(University of Salford)의 사회과학대 학장이다. 그는 1995년부터 사회복지학과 교수로 재직하였으며, 수많은 연구 프로젝트를 이끌어 왔고 폭력과 성, 그리고 해결책에 대한 일련의 책과 논문의 주 저자와 공동 저자로 활동하였다. 주디스와 스티브는 모두 요크셔에 살고 있다.

역자 소개

어주경 Eo, Joo Kyeong

연세대학교 대학원 철학박사

연세솔루션상담센터 공동대표

연세대학교 생활환경대학원 겸임교수

자격증

해결중심전문상담 슈퍼바이저(해결중심치료학회)

해결중심가족상담전문가 슈퍼바이저(해결중심치료학회)

부부가족상담전문가 1급(한국가족치료학회)

내러티브상담전문가 1급(이야기치료학회)

주요 저서

해결중심상담 슈퍼비전 사례집(공저, 학지사, 2017)

가정폭력 피해대상 유형별 치료 · 회복 프로그램 개발 1, 2권(공저, 여성가족부, 2013)

해결중심 가족치료 사례집(공저, 학지사, 2006)

정윤경 Chung, Yun Kyung

연세대학교 사회복지대학원 사회복지학 박사

연세솔루션상담센터 공동대표

연세대학교 생활환경대학원 객원교수

자격증

해결중심전문상담 슈퍼바이저(해결중심치료학회)

해결중심가족상담전문가 슈퍼바이저(해결중심치료학회)

부부가족상담전문가 1급(한국가족치료학회)

사회복지사 1급(보건복지부)

주요 저서

해결중심상담 슈퍼비전 사례집(공저, 학지사, 2017)

경기도 학생 자살 현황 및 정책 분석(공저, 경기도교육연구원, 2017)

가정폭력 여성 행위자 상담 · 치료 프로그램 개발(공저, 여성가족부, 2015)

김은영 Kim, Eun Young

독일 Bochum 대학교 박사, Dr.rer.soc.

연세솔루션상담센터 공동대표

한신대학교 사회복지학과 초빙강의교수

자격증

해결중심전문상담 슈퍼바이저(해결중심치료학회)

해결중심가족상담전문가 슈퍼바이저(해결중심치료학회)

부부가족상담전문가 1급(한국가족치료학회)

내러티브상담사 전문가(이야기치료학회)

주요 저 · 역서 및 논문

해결중심 가족상담(공저, 학지사, 2017)

해결중심 코칭(공역, 학지사, 2013)

빈곤아동의 심리사회적 적응 향상을 위한 해결중심집단프로그램의 효과성 연구(공동연구, 한국가족치료학회, 2009)

창의적으로 해결중심상담하기

Creative Ideas for Solution Focused Practice:
Inspiring Guidance, Ideas and Activities

2019년 8월 5일 1판 1쇄 발행
2024년 1월 25일 1판 2쇄 발행

지은이 • Judith Milner · Steve Myers
옮긴이 • 어주경 · 정윤경 · 김은영
펴낸이 • 김진환
펴낸곳 • ㈜ 학지사
04031 서울특별시 마포구 양화로 15길 20 마인드월드빌딩
대표전화 • 02-330-5114 팩스 • 02-324-2345
등록번호 • 제313-2006-000265호

홈페이지 • http://www.hakjisa.co.kr
인스타그램 • https://www.facebook.com/hakjisabook

ISBN 978-89-997-1878-6 93180

정가 14,000원

역자와의 협약으로 인지는 생략합니다.
파본은 구입처에서 교환해 드립니다.

이 도서의 국립중앙도서관 출판시도서목록(CIP)은 서지정보유통지원시스템 홈페이지(http://seoji.nl.go.kr)와 국가자료공동목록시스템(http://www.nl.go.kr/kolisnet)에서 이용하실 수 있습니다.
(CIP 제어번호: CIP2019029679)